Ludwig Steub

Die Oberdeutschen Familiennamen

Salzwasser

Ludwig Steub

Die Oberdeutschen Familiennamen

1. Auflage | ISBN: 978-3-84604-822-1

Erscheinungsort: Frankfurt, Deutschland

Erscheinungsjahr: 2020

Salzwasser Verlag GmbH

Die

Oberdeutschen Familiennamen.

Von

Dr. Ludwig Steub.

München.

Verlag von R. Oldenbourg.

1870.

Vorwort.

Die Anregung zu diesem Büchlein habe ich, wie schon manche andere, in den deutschen Alpen gefunden. Voriges Jahr um Pfingsten stand ich dort auf einem stillen Friedhofe, betrachtete die zahlreichen Denkmäler mit ihren Inschriften und las die Namen der entschlafenen Tiroler zusammen — Atzl — Datzl — Hutzl — Seissl. — Bin froh, dachte ich, dass mich niemand fragt, was sie bedeuten. Atzl wüsste ich wohl — das ist Azzo, Adalbert — eine alte Geschichte! — aber die andern vermöchte ich so wenig zu erklären, als der Fuhrmann mit den Weinfässern, der da unten vorüberfährt. Sonderbar, dass die gebildeten Deutschen gar nichts von ihren Namen verstehen, die doch ihre Reisegefährten sind durchs ganze Leben! Sardanapal, Nabuchodonosor, Harun-al-Raschid — wäre leicht einer zu erfragen, der sie erklären könnte, aber Datzl, Hutzl, Seissl — wo ist der weise Meister, der euch entlarvt?

Die Noth macht erfinderisch. In jener misslichen Lage fing ich selbst zu „forschen" an. Atzl also ist Adalbert. Nun zu Datzl und Hutzl! Dadalbert und Hudalbert geht nicht; nehm' ich Dagobert und Hugibert zu leihen. Die hätten wir also auch! Aber Seissl —

A *

Seissl — räthselhaftes Seissl — was hast du zu bedeuten? Die Forschung wollte nicht mehr von der Stelle. Der Forscher selber schaute lange nachdenklich bald ins grüne Thal hinunter, bald auf den Schnee am Sonnwendjoch. Doch wie? gibt's denn nicht neben Atzl, Datzl, Hutzl auch ein Assl, Dassel, Hussel? und sollte es nicht umgekehrt neben Seissl auch ein Seitzel geben? Also wäre Seiss so viel als Seitz! — Wunderbare Entdeckung! Was wird die Welt zu diesem Funde sagen? Jetzo kann ich auch dem Herrn Cafetier Seissl in Rattenberg mit meiner Wissenschaft dienen, kann ihm erklären, dass er eigentlich ein klein gemachter Sigfrid sei und denselben Namen trage, wie weiland Genovefa's pfalzgräflicher Gemahl oder der Lieblingsheld der deutschen Nation, welcher im Odenwald erschlagen ward. Wie wird sich Herr Seissl freuen!

Diese ersten Erfolge waren hinreissend. Sie schienen ein electrisches Licht auf die ganze bayerische Namenschaft zu werfen und grosse Enthüllungen in Aussicht zu stellen. — Mittlerweile war aber der Abend herangekommen — die Dämmerung begann sich über das Thal zu legen — die Berge wurden immer dunkler — der Mond ging auf — am Strome zogen die weissen Nebel hin — ich wandelte einsam meine Strasse, aber es war, als ob mich viele hundert Namen, als ob alle die Batzel, Betzel, Bitzel, Botzel, Butzel, sowie auch die Bassel, Bessel, Bissel, Bossel, Bussel und nicht minder die Datzel, Detzel, Ditzel, Dotzel, Dutzel, sowie auch die Dassel, Dessel, Dissel, Dossel, Dussel, ja überhaupt alle

Namen in — atzel, — etzel, —´itzel, — otzel, — utzel,
sowie auch jene in — assel, — essel, — issel, — ossel,
— ussel, als´ ob sie mich. wie eine freundliche Elfen-
schaar schäkernd umschwärmten, glückwünschend und
aufmunternd, nicht abzulassen, sondern fort zu „forschen“,
auf dass sie aus vielhundertjähriger, würdeloser Unver-
standenheit erlöst und dem edlen bajuvarischen Stamme
oder gleich gar der grossen deutschen Nation wieder begreiflich und bedeutsam würden. —

Damals war ich ohne Gefährten ausgegangen, aber
die dankbaren Namen umgaben mich wie theilnehmende,
fast aufdringliche Freunde und boten mir den ganzen
Tag Anregung und Unterhaltung. Jede halbe Stunde
glaubte ich ein halbes Dutzend erlöst, jede Poststation
ein neues Gesetz gefunden zu haben. Die Brieftasche
füllte sich unablässig mit Entdeckungen. Auf dem Hinter-
bräukeller bei Kitzbühel, mitten unter der rauschenden
Musik des Müllerjahrtages, nahm sie die achtbare Stelle
auf, welche jezt die achtundsechzigste Seite dieses
Büchleins schmückt und hoffentlich nicht mehr vergessen
werden wird, so lange es im Bayerlande noch Rützler,
Rüssler, Riessler, Riesler gibt. Frau Tiefenbrunner in
dem besagten Kitzbühel, Rhätiens erste Wirthin, soll
ihren Gast damals allerdings etwas zerstreut und träume-
risch gefunden haben, da er den ganzen Tag an Atzl,
Datzl, Hatzl und wenn nicht an diese, doch an Natzel,
Ratzel, Watzel dachte.

So erlebte ich denn in wenigen Tagen viele ver-
gnügte Stunden, zumal, wenn ich allein zwar, doch

immer „forschend“, durch die sonnigen Auen und die schattigen Wälder wandelte. An meinem literarischen Rüstzeug trug ich auch nicht schwer. Dass Seiss soviel als Seitz, hatte ich eben gelernt, dass Riedel von Rudolf, Kunz von Konrad, Rüpel von Rudprecht stammen, wusste ich schon längst. Auf diesen wenigen Wahrheiten beruht aber die ganze oberdeutsche Onomatologie.

Die Verarbeitung jener Reiseeindrücke ward nach der Heimkehr unverzüglich begonnen. Bald war auch eine kleine Abhandlung entstanden, welche unter dem Titel: „Ueber deutsche und zunächst bayerische Familiennamen“ in den Spalten der Allgemeinen Zeitung von Augsburg Aufnahme fand. Sie schien gern gelesen zu werden und es fehlte nicht an schmeichelnden Stimmen, welche freundlich mahnten, die Arbeit zu erweitern, zu vervollständigen und als selbständige Schrift ans Licht zu geben.

Der letzte Winter war diesem Unternehmen günstig. Der erste Versuch wurde überarbeitet, ergänzt, erweitert. Ganz neu entstand all dasjenige, was jetzt auf den Seiten 74—121 zu lesen ist — die Betrachtung der unorganischen oder unechten Namen, der zusammengesetzten Koseformen und der Nachtrag zur ersten, auch mancher Zusatz in den übrigen Classen.

Wenn diese Schrift einigen Werth ansprechen kann, so liegt er nur in der Behandlung der Namen, welche der ersten Classe angehören, jener Familiennamen, welche aus alten Mannsnamen hervorgegangen sind, und namentlich ihrer vielgestaltigen Koseformen. Hier war noch in

vollem Feld zu ärnten, denn gerade die oberdeutschen
Namen jener Gattung haben die blauen Augen der germanischen Forscher bisher noch wenig angezogen.

Freilich bleibt auch jetzt noch vieles zu thun —
wenn es nämlich der Mühe werth ist, denn es scheint
zweifelhaft, wie weit die Sache getrieben werden darf,
ohne in's Kleinliche und Ueberflüssige zu fallen. Dem
Verfasser fehlte übrigens weniger die Lust als die Zeit,
den Gegenstand erschöpfender zu behandeln. Statt der
neun horazischen Jahre konnte er höchstens — alle zer-
splitterten Stunden zusammengerechnet — eben so viele
Wochen daransetzen. Darum musste auch der Studien-
plan sehr enge angelegt werden. Das Füllhorn, das ich
immer in den Armen wiegte, aus dem ich ohne Unterlass
schöpfte, war Förstemann's Altdeutsches Namenbuch.
Gleichwohl bin ich, um ein andres Gleichniss zu wählen,
dieses gothische oder vorgothische Münster mit allen seinen
Nischen, Kapellen und Kreuzgängen nicht ganz ausgegangen und in manchem verlorenen Winkel mag noch
mancher hochwürdige Bischof, Abt oder Probst, mancher
ehrenwerthe Graf, Ritter oder Bauersmann schlummern,
der onomatologisch wohl zu verwenden gewesen wäre. Die
gewöhnlichen „Namenbüchlein" habe ich zwar zum grossen
Theile durchgesehen, bekenne aber, für meinen Zweck
nichts daraus gelernt zu haben. Andere Schriften zeit-
genössischer Vor- und Mitarbeiter konnte ich nur spär-
lich vergleichen. Jedem einzelnen Namen aus der Menge,
die hier auftritt, bei sämmtlichen Forschern, in Brochuren,
Zeitschriften und Schulprogrammen nachzuspüren, ob er

dort so oder anders erklärt werde, dazu fehlte Zeit und Lust. Ohnedem war die Mühe, wenn sie auch aufgewendet wurde, gar zu oft erfolglos, denn so gross ist der Reichthum der deutschen Nation, mindestens an Namen, dass selbst in dem weltumfassenden Werk von August Friedrich Pott, das der unsrigen vielleicht fünfzehn Tausende enthält oder in der reichen Sammlung, welche Förstemann seinem Buche angehängt, doch nur sehr wenige von denen zu finden sind, welche hier erscheinen.

Es rückt da nun ein Schlachthaufen von vierthalbtausend Streitern in das Feld, Streitern insoferne, als sie sich selber wenigstens vertheidigen müssen. Sie zu werben und zu sammeln, nach Ursprung und Bedeutung zu fragen, war, wenn auch mühsam, doch ergötzlich, aber sie zu discipliniren, zu commandiren, sie alle in Reih' und Glied, jeden an den rechten Platz zu stellen, Acht zu geben, dass sich keiner ungebührlich vordränge, keiner doppelt aufmarschire, keiner zu früh ins Feuer komme, kein Marodeur zurückbleibe, diese Aufgabe zeigte sich ungemein schwierig und ist trotz aller Mühe nicht so gelöst worden, dass ich ganz damit zufrieden wäre. Wer indessen die Natur einer solchen Arbeit etwas überdenken will, der wird leichtlich finden, dass dabei einzelne Versehen unvermeidlich sind, und wird diese daher mit Nachsicht beurtheilen. Namenforschung ist ja ohnedem von Alters her der Irrgarten und das Sündenfeld der Philologie gewesen, und wenn mir eben so .viele Fehler verziehen werden, als meinen hochverehrten Vor- und

Mitarbeitern, so hoffe ich vor der Critik ganz leidlich zu bestehen.

Am wenigsten konnte und wollte verhindert werden, dass nicht auch „Vermisste“ zu beklagen wären, denn Vollständigkeit ist unmöglich. Wer den Schatz der Namen auch nur in einem Stammgebiete erschöpfen und zu jedem eine kürzere oder längere Exegese geben wollte, der hätte ein „Namenbüchlein“ von mehreren Folianten zu schreiben.

Die frühere Abhandlung, welche in der Allgemeinen Zeitung erschien, führte, wie gesagt, den Titel: „Ueber deutsche und zunächst bayerische“ — jetzt heisst die Schrift: „Die oberdeutschen Familiennamen“ — und mit Recht, da mancher gute Freund, bis von Frankfurt her, in dankenswerther Gefälligkeit das Adressbuch seines Wohnorts mir zugesandt, ich aus jedem viel trefflichen Honig gesogen und diesen hier nach Möglichkeit verwerthet habe. Uebrigens ist auch jenes „oberdeutsch“ nicht so genau zu nehmen, denn manche Gattungen der hier behandelten Namen, wie z. B. die Koseformen der dritten Art, kommen überall vor, so weit die deutsche Zunge klingt.

Dass hie und da eine Stelle, namentlich des Buches Ausgang, nicht für die Oberdeutschen insgemein, sondern nur für meine engeren Landsleute bestimmt ist, wird mir auch nicht übel genommen werden. Ich bemerke nur noch, dass dieser Ausgang schon im vorigen November geschrieben worden ist.

B

Und so sei denn das Büchlein mit einem herzlichen Gruss an alle Freunde der deutschen Namenskunde in die weite Welt entlassen!

München im März, 1870.

Dr. L. Steub.

In halt.

I.

Einleitung.

Welchen Reiz und welche anziehende Kraft hat
unter allen sprachlichen Untersuchungen eben die
über Eigennamen! wie geschäftig sein muss man um
jede hier aufsteigende Frage zu behandeln!

Jakob Grimm.

Es jährt sich wieder, und zwar zum dreissigstenmal, seitdem ich einst zur Literatur des Vaterlandes mein erstes Scherflein beigetragen. In dieser langen Zeit hatte ich über kein erhebliches Hinderniss zu klagen, vielmehr manche Nachsicht anzuerkennen. Als Andenken an so vieljähriges ungestörtes Zusammenleben beehre ich mich nun, meinen lieben Landsleuten eine Xenie darzubringen, nämlich eine kleine populäre Abhandlung über oberdeutsche Familiennamen. Da jetzt jedes Menschenkind im Lande einen solchen führt, so ist fast zu hoffen, dass die Arbeit auch allenthalben freundlich aufgenommen werde, obgleich sie nicht jene Kurzweil bietet, welche man sonst in Reiseschilderungen und dergleichen zu finden glaubte.

„Das eigenste, was der Mensch besitzt, das ist sein Name," sagt Otto Abel in seinem Büchlein über die deutschen Personennamen. „An dem Laut desselben erwacht sein Selbstbewusstsein und wenn schon längst Gras

über seinem Hügel wächst, so lebt das Andenken noch
fort in seinem Namen. Je weiter wir in das Alterthum
hinaufsteigen, um so zahlreicher und so sinnvoller werden
die Namen. Ihren Stolz wie ihre Sehnsucht, ihren Glauben und ihren Aberglauben, ihre ganze Lebensanschauung
legen ursprüngliche Völker in ihre Namen."

Diese Sätze mögen uns belehren, wie weit wir schon
aus dem Alterthum herabgestiegen und in die Neuzeit
vorgedrungen sind, denn wir pflegen in solchen Werthen
gar kein geistiges Capital mehr anzulegen. Wenn wir
nicht Maier, Fischer, Müller, sondern nur Hatzel, Hassel,
Hessel, oder Berzel, Gerzel, Nerzel heissen, so wissen
wir auch schon lange nicht mehr, was unser sprachlicher
Lebensgefährte etwa bedeuten soll, und im Fache der
Taufnamen ist uns Heinrich, Ludwig, Rudolf kaum viel
klarer als Johann, Jakob, Bartholomäus. Auch was Ortsnamen betrifft, sind wir nicht am besten bestellt, denn
wenn wir heute die drei weisesten Männer aus Egolfing,
Tagolfing und Trudering, diesen nachbarlichen Perlen
germanischer Namenschaft, zusammenkommen liessen, so
wäre wohl nicht einer darunter, welcher über den Sinn,
der aus dem Namen seiner süssen Heimat spricht, Aufschluss geben könnte, oder auch nur je darüber nach-
gedacht hätte.

Da wir diese Namen einmal herbeigerufen haben, so wollen
wir sie auch nach besten Kräften erklären. Der Ansatz ing,
ingen ist patronymisch und bezeichnet den oder die Nachkommen des Mannes, an dessen Namen er gehängt wird. Die
Agilolfinger, die Karolinger, die Lotharinger sind die Nachkommen Agilolfs, Karls, Lothars. Egolfing ist aber eben nichts
anderes als ein etwas verunstaltetes Agilolfingen; Agilolf soll so
viel bedeuten als Schreckenswolf. Tagolf ist Tagwolf; Truder-

ing hiess früher Truhtheringa und Truhther ist zusammengesetzt aus truht = Volk und her = Heer oder Held.

Das unermessliche Material, das von Ulfila an bis auf unsere Zeit durch fünfzehn Jahrhunderte und durch fünfzehn*) Sprachen oder Mundarten hindurch verfolgt sein will, die Schwierigkeit und Zerflossenheit des Stoffs, die Ungeniessbarkeit, welche manche unsterbliche Werke dem Laien gegenüber bewähren, dies und anderes mag es erklären, dass unsre studirten Leute in der Regel gründlicher lateinisch verstehen als deutsch, und dass unsre Sprachforscher noch immer gleichsam in tiefen Schachten arbeiten, aus denen selten eine Botschaft über ihre Funde, glücklicherweise auch keine Nachricht über ihre unterirdischen Feindseligkeiten ins grosse Publikum dringt. Und eben darin mag auch die Entschuldigung liegen, wenn ein nicht zünftiger Freund der Namensforschung einmal wieder einen Gegenstand aufgreift, der gewissermassen das Hausgut und zugleich das öffentliche Abzeichen eines jeden betrifft, und desswegen auch so gemeinverständlich als möglich und ohne die strengen Formen der höheren Gelehrsamkeit behandelt werden darf.

Obgleich nun aber die Mehrzahl der heutigen Germanen alle grammatischen Anstrengungen gerne vermeidet, von Jakob Grimm und seinen Werken lieber erzählen hört, als sie selber liest, obgleich auch im Lande Bayern Schmeller's Wörterbuch nicht gerade zu den Büchern gerechnet wird, „welche in keiner gebildeten

---

*) Gothisch, althochdeutsch, altsächsisch, angelsächsisch, altfriesisch, altnordisch, mittelhochdeutsch, mittelniederdeutsch, mittelniederländisch, mittelenglisch, neuhochdeutsch, neuniederländisch, neuenglisch, schwedisch und dänisch.

Familie fehlen dürfen,“ so hält doch fast jeder geschulte
Staatsbürger die Etymologie für seine eigentliche Domäne.
Wer hat nicht schon beim Abendtrunke selbst in alt-
bayerischen Landstädtchen wahrgenommen, wie die Hono-
ratioren theils in ihren eigenen, theils in fremden Namen
schürfen, wühlen und grübeln? Die Ergebnisse sind allerdings selten so beschaffen, dass unser seliger Schmeller
seine Freude daran haben würde, allein der deutsche
Landsmann geistlichen oder weltlichen Standes ist eben
von der Art, dass er sich zwar wenig Mühe gibt, um
solchen Dingen auf den Grund zu kommen, aber doch
keine Deutung annimmt, welche nicht auf seinem eigenen
Anger gewachsen. Oftmals meint er auch, die Altvordern
hätten irgend etwas wunderbares in seinen Namen hinein-
geheimnisst und wenn der Forscher z. B. einem Herrn
Hinterkirchner eröffnet, sein Urahn und Eponymus sei
wohl ein Bauer gewesen, der seinen Wohnsitz hinter
der Kirche gehabt, so wird dieser leicht empfindlich,
und spricht der Erklärung die Tiefe ab. Um nun zu
zeigen, dass die richtigen Wege so schwer nicht zu
finden sind, haben wir es gewagt, hiemit einen anspruchs-
losen Leitfaden zur Erklärung unserer Familiennamen
aufzustellen, und zwar zunächst unsrer heimischen, unsrer
oberdeutschen nämlich, denn eine gleichgemessene Behandlung der niederdeutschen würde den Rahmen dieser
Schrift zu weit ausspannen und ausserdem fast über-
flüssig sein, da für sie schon von andern Seiten her das
mögliche gethan worden ist. Es wird uns sicherlich
freuen, wenn der Leser dabei die Ueberzeugung gewinnt, dass auch in den Eigennamen etwas steckt, was
selbst einen denkenden Menschen anziehen kann.

Der Gebrauch, einen Zunamen zu führen und diesen auf die Kinder überzutragen, kam übrigens in Deutschland, wie männiglich bekannt, etwa im dreizehnten Jahrhundert auf. Doch dauerte es noch lange Zeit, bis die Sitte sich in Stadt und Land gemeingiltig festgesetzt hatte. Auch dann noch war aber die Sache nicht polizeilich geregelt und in Bayern hat erst Kurfürst Ferdinand Maria im Jahre 1677 seinen Unterthanen nachdrücklich verboten, sich ohne landesherrliche Bewilligung heute so und morgen anders zu nennen. Diese Verordnung ist aber noch immer nicht ganz und gar ins Bewusstsein des Volkes eingedrungen, denn es gibt noch heutzutage auf dem Lande viele brave Männer, welche sich in diesem Stücke nichts einreden lassen und sich je nach Laune und Stimmung z. B. bald Böldl oder Pöltl, Böldel oder Pöltel schreiben.

Uebrigens ist dieses Feld in neuerer Zeit mehrfach bebaut worden. Professor Pott in Halle gab 1853 ein gewaltiges Buch über die Personennamen heraus, welches, auf unendliche Gelehrsamkeit und unerschöpfliche Sammlungen gebaut, durch ganz Europa und sogar noch darüber hinaus streift. Sehr beliebt ist auch Vilmar's „Deutsches Namenbüchlein" geworden, welches 1865 schon in vierter Auflage erschienen. Dazu kommen verschiedene kleinere Schriften anderer Geister, zumal solche, welche die Familiennamen in den einzelnen Städten behandeln. Was Bayern insbesondere betrifft, so denkt namentlich Dr. Karl Roth schon seit vielen Jahren an ein Namenbüchlein für unsere Hauptstadt, und hätte sich und den Münchnern wahrscheinlich längst ein ehernes Denkmal gesetzt, wenn ihm die nöthige Musse beschieden wäre.

II.
Eintheilung der Namen.

Die deutschen Familiennamen lassen sich in vier
grosse Gattungen theilen. In die erste stellen wir jene,
die von den uralten Mannsnamen herrühren, welche die
Deutschen schon in Arminius' Tagen geführt, mit der
Zeit noch reichlich vermehrt nnd zum Theil bis jetzt
noch unversehrt erhalten, zum Theil aber zerstückelt und
durch verschiedene Ansätze verändert haben. Diese Gattung ist die zahlreichste, die schwierigste und desswegen
auch die anziehendste. Die zweite geht von den Eigenschaften des Leibes oder der Seele aus; die dritte beruht
auf Gewerbe, Stand und Würde; die vierte bewahrt das
Gedächtniss an eine frühere Heimath, an Hof, Dorf, Stadt
oder Stammesland.

Abgesehen von den Namen, welche aus fremden
Sprachgebieten importirt sind, finden sich allerdings noch
viele Wildlinge, welche sich in keine der eben aufgestellten Gattungen schicken. Dazu gehören namentlich
die unverständlichen, deren uns immer eine ziemliche
Anzahl bleiben wird. Die Gründe der Dunkelheit sind
mannichfach. Vieler Namen Aussprache und Schreibung
ist schon längst verdorben, und das echte nicht immer
so leicht herzustellen, wie z. B. bei den Kiermayern,

Berlohnern, Kinadern und Permanedern, welche noch
ohne Schwierigkeit in Kirchmaier, Bärnlochner, Kemenater
und Bergmannöder umzusetzen, oder wie bei den Münchener Kronenbittern, welche keineswegs Leute sind, die
von falschem Ehrgeiz getrieben um Kronen bitten, sondern anspruchslose Kranewitter, die sich vom Wachholder-
strauch benannt haben. Ein gutes Beispiel schlimmen
Schicksales findet sich bei Rosenheim, wo ein ländlicher
Oeconom, der nach seinen Urkunden der Taubenwörther
heisst, durch den bequemen Volksmund allgemein als der
Tamira geht, ein Name, der an Tamina und Palmyra
erinnert und doch mit dem einen sowenig zusammenhängt
wie mit dem andern. Viele andere Namen sind der
Bedeutung nach ganz klar, aber unklar ist, aus welchen
Anlässen sie zu Familiennamen geworden. So die Thiernamen: Stier, Ochs, Hirsch, Fink, Zeisig, Sperling, oder
Namen wie: Freitag, Sommer, Herbst, Hanfstängl,
Pfennig, Schilling, Vierling, Schlüssel, Nagel, Spiess
u. s. w. Auch Schafhäutl mag hieher gestellt werden,
was aber nicht, wie Pott und Vilmar thun, aus Schaf-
haut, sondern aus ital. civetta, tirolisch Tschaffit, das
Käuzchen, zu erklären ist. Die Schreibung Schafheitl,
die ebenfalls vorkommt, ist daher die richtigere.

Eine besondere, aber sehr zahlreiche Gesellschaft
ganz für sich bilden auch die imperativischen Namen,
wie: Lernbecher, leer den Becher, Scheuchenpflug, scheu
den Pflug (ein Seitenstück zu Hassenpflug), Ringseis,
nach Vilmar: ring d. h. schwinge das Eisen, Zugschwert,
zuck das Schwert, Schwingenschlegel, Schlagintweit,
Wagenpfeil, wag den Pfeil u. s. w. Alle diese Namen
gehen von einer längst vorgefallenen Anecdote aus, die

wir jetzt aber nicht mehr herstellen können. Wenn wir
z. B. Kliebenschädel (klieb d. h. spalte den Schädel)
hören, so wandelt es uns an, wie ein Mährlein aus alten
Zeiten, wie wenn vor Jahrhunderten irgendwo eine ganz
scharfe Balgerei auf Leben und Tod vorgefallen wäre,
wie wenn der Urahn und Eponymus seinem Freund und
Kampfgenossen ermunternd zugerufen hätte: Klieb den
Schädel (des Feindes nämlich)! Wir merken deutlich,
wie diese Worte so viel Aufsehen erregten, dass sie sofort an dem Rufer als unvertilgbarer Beiname hängen
blieben; aber wann und wo diese auffallende Geschichte
vorgekommen und das nähere darüber ist durch keine
Conjectur mehr zu erreichen. — Uebrigens ist auch
Shakespeare bekanntlich ein solcher imperativischer Name
und bedeutet: Schüttle den Speer!

Diese Namen sind schon mehrfach gesammelt und ist schon
viel über sie geschrieben worden. Namentlich hat Vilmar eine
grosse Anzahl derselben zusammengestellt. In München sind
sie nicht besonders häufig, doch können wir ausser den oben
erwähnten folgende namhaft machen: Bleibimhaus, Bleibnicht-
lang, Hebenstreit, Jagendeubel, Schlichtegroll, Springenzaun,
Springinsklee, Stürzenbecher, Thugut, Ziechnaus, Zirngiebl —
zier den Giebel. Trappentreu und Drappeldrei sind wohl derselbe Name. Wenn letztere Schreibung die richtigere, so
könnte man auch imperativisch erklären: Trappel (trabe) drein!

III.

Erste Classe der Familiennamen.

1. Deren Herkunft.

Wir gehen nun an ein Hauptstück, das wir oben als das anziehendste bezeichnet haben, nämlich an die Familiennamen, welche von alten Mannsnamen abzuleiten sind.

Was Literatur betrifft, so ist hier vor allem das althochdeutsche Namenbuch zu erwähnen, das Dr. Ernst Förstemann im Jahre 1856 herausgegeben hat, ein grosser Quartband, welcher die alten deutschen Personennamen bis zum Jahre 1100, leicht 6000 Nummern, gesammelt vorführt. Der mannichfache Tadel, der jetzt das Buch verfolgt, scheint die unermesslichen Schwierigkeiten der ersten Anlage eines solchen Werkes viel zu leicht zu nehmen. Mir hat es die Mühe erspart, meinen Bedarf an alten Formen aus den verschiedenen Urkundensammlungen selbst zusammenzulesen und ich bin ihm aus diesem Grunde vielen Dank schuldig. Damit will ich aber nicht behaupten, dass ich ihm auch viel anderes entlehnt, denn ich bin in zweifelhaften Punkten gewöhnlich anderer Ansicht als Herr Dr. Förstemann.

Neueren Ursprungs ist eine kleine Schrift über die

Kosenamen der Germanen, welche Herr Dr. Franz Stark vor zwei Jahren zu Wien ans Licht treten liess.

Diese Schrift beruht auf tiefen Studien, reicht aber auch nicht über das frühe Mittelalter herein. Auch sie gewährt mancherlei Belehrung.*)

Im Anfang, d. h. zu den Zeiten, da Cäsar und Tacitus schrieben, traten die Germanen mit zweistämmigen Namen in die gebildete Welt ein. Unter zweistämmig versteht man aber einen Namen, welcher aus zwei Wörtern zusammengesetzt ist, deren jedes einen

---

*) Der Herr Verfasser ist zur Zeit noch etwas Keltomane und der unablässige Eifer, mit welchem derselbe ganz treffliche deutsche Namen seinem keltischen Sprachenreich einverleiben will, berührt nicht eben angenehm. Wie kann man so gelehrt sein und doch Gumpilo (Gundpert), Rupilo (Rudpert), wovon Rupilinga, unser Raubling bei Rosenheim, für sicherlich, und Rampo, Fulmo, Raimo, Wimo, Cobbo, Oppo, Wippo für wahrscheinlich keltischen Ursprungs halten? Nicht einverstanden sind wir ferner mit dem strengen Forscher, wenn er Clauza aus einem angeblich deutschen Clawiza ableiten will (S. 86). Clauza ist nämlich die Mutter jenes reichen Quartinus, des bajuvarischen Romanen, der 828 seine Güter um Sterzing ans Kloster Innichen vergab. Diese Clauza heisst aber in einer andern Urkunde desselben Quartinus Clauzana und daraus ergibt sich, dass Clauza eine Koseform ist. Jenes ist aber so viel als Claudiana, nach Analogie von medius $=$ mezzo. Uebrigens hat Hr. Dr. Franz Stark seitdem wieder ein anderes Werklein erscheinen lassen, nämlich: „Keltische Forschungen“. Darin werden auch viele Namen in dem bekannten Verbrüderungsbuche von St. Peter zu Salzburg als keltisch aufgewiesen. Ein älteres hierher gehöriges Schriftchen desselben Verfassers sind die „Beiträge zur Kunde germanischer Personennamen“. Wien 1857.

Sinn für sich hat, wie z. B. Hofmann, Weisshaupt. In diesem Stücke gehen die Germanen mit den Hellenen Hand in Hand, während die Römer einstämmige Namen führten. Eben desswegen lassen sich auch so viele deutsche Namen buchstäblich in griechische übertragen.

Einzelne einstämmige Namen scheinen aber schon im grauen Alterthum gebräuchlich gewesen zu sein, wie z. B. Karl, Arnust, jetzt Ernst, Chempho, der Kämpe, wovon Kempfenhausen u. a. m.

Alle die Namen also, welche in diese Gattung fallen, stammen aus den alten Tagen des deutschen Volkes. Schon die griechischen und römischen Schriftsteller des Kaiserreichs erwähnen deren einzelne und die Völkerwanderung brachte eine gute Anzahl neuer in Umlauf. Der eigentliche Boden für das Studium solcher Namen ist aber die althochdeutsche Zeit, wo sie in den Geschichtsbüchern und namentlich in den Urkunden zu tausenden gefunden werden. Diese Zeit wird bekanntlich so ausgesteckt, dass sie mit den Merowingern, in Bajuvarien mit den Agilolfingern beginnt und mit dem elften Jahrhundert zu Ende geht. Mit dieser Zeit ging aber auch die Zeugungskraft verloren und seit dem zwölften Jahrhundert sind in dieser Gattung keine neuen Namen, wenigstens keine echten mehr geschaffen worden.

Jene alten Namen sind aber jetzt zum guten Theil nicht mehr gemeinverständlich. Unser deutscher Sprachschatz hat nämlich auf seiner langen Reise von der Urzeit bis ins neunzehnte Jahrhundert gerade von jenen Wörtern, aus welchen Namen gebildet wurden, ziemlich viele verloren. Um nun nicht öfter halb oder ganz unverständliche Gebilde vorführen zu müssen, wollen wir solche Wörter, soweit sie unentbehrlich, hier der Gegenwart

wieder in Erinnerung bringen, denselben jedoch einige
grammatische Bemerkungen vorausgehen lassen und zunächst mit der Lautverschiebung beginnen.

Uebrigens, so innig die neudeutsche Namenschaft mit der
altdeutschen zusammenhängt, so darf man doch nicht glauben,
dass sich beide vollkommen decken. Es sind nämlich einerseits bei weitem nicht alle althochdeutschen Mannsnamen zu
neudeutschen Familiennamen geworden und anderseits zeigen
sich neudeutsche Namen, welche mit aller Gewissheit in die
althochdeutsche Zeit zurückgehen, deren Vorfahren sich aber
doch nicht in den Urkunden finden.

2. Ueber Lautveränderungen.

Im frühesten Mittelalter kam eine grosse Unruhe
unter die stummen Buchstaben und wollten alle einen
andern Laut annehmen. Das bisherige b wollte p, d
wollte t, g wollte k, k wollte ch werden u. s. w. Wer
sich früher Garibald geschrieben, schrieb sich jetzt Kar-
palt oder Kerpalt, wer früher Dagoberht geheissen, nannte
sich jetzt Takaperht, und aus Kuonrad wurde jetzt ein
Chuonrat. Für geben sprach man kepan und den guten Gott
nannte man den kuotun Kot. Diese Bewegung heisst man
heutzutage die althochdeutsche Lautverschiebung. Sie ging
am kräftigsten in Alemannien vor sich und die Mönche von
St. Gallen hielten sich am strengsten an den neuen Brauch.
In bajuvarischen Landen kam sie nicht zum allgemeinen
Durchbruch, schlug aber doch so weit herein, dass sie
viele Unordnung erzeugte. Man schrieb nämlich von dort
an zwar noch Garibald, Gebhard, Gundger, aber nebenbei
auch Kerpalt, Kephart, Kuntker oder auch Kerbald,

Gerpalt und dergleichen. Man kann deutlich wahrnehmen, dass den damaligen Urkundenschreibern jene Lautgesetze, welche J. Grimm tausend Jahre später aufstellte, nicht immer ganz geläufig waren.

Dieser uralten Geschichte verdanken wir aber jetzt noch, dass wir fast alle mit g anlautenden Namen aus dieser Gattung auch mit k vorführen können. Wir haben nämlich Gar und Kahr, Gerl und Kerl, Gaab und Kapp, Gappel und Kappel, Gabes und Kappes, Goppelt und Koppold u. s. w.

Was b und p, d und t betrifft, so bemerken wir zwar im Anlaute dieselbe Erscheinung, denn es ist kaum einer unserer Namen zu finden, der mit b und d anfinge, und nicht auch mit p und t geschrieben würde, (Bosch, Posch, Betzl, Petzl, Burkhardt, Purkhart, Dätzl, Tätzl, Dresch, Träsch), allein, da b und p, d und t im Anlaute schon seit Jahrhunderten nicht mehr unterschieden werden und da die jetzige Schreibung der Eigennamen doch erst von gestern ist, so wäre es ungegründet, jene Unterschiede auf althochdeutsche zurückzuführen und etwa zu behaupten, Bosch komme von Bozo und Posch von Pozo. Es ist darin so wenig etwas zu suchen, als in dem Unterschied von Bauer und Pauer, Bock und Pock, Beck und Pöck.

Ferner werden k und g, wenn sie im Anlaut allein stehen, zwar kenntlich unterschieden, nicht aber, wenn sie mit l und r verbunden sind. Glock und Klock, Grimm und Krimm, Greimel und Kreimel, Greis und Kreis sind daher ein und dasselbe, wie ja auch allgemein Kreith und Kreitmayer für Greut und Greutmaier geschrieben wird.

Für unseren Zweck wird es am besten sein, wenn wir in jedem einzelnen Falle eben jene althochdeutsche Form voraussetzen, welche der neuhochdeutschen, die wir ihr gleichstellen, am nächsten steht.

Nun noch einige kurze Bemerkungen über die Vokale.

Ueberall und allenthalben, wo in der Stammsilbe o steht, kann u, wo u steht, o dafür eintreten. Dies zeigt schon das althochdeutsche, wo wir Pupo, Popo, Dudo, Dodo, Cuno, Cono, Gundo, Gondo, Gunzo, Gonzo, Hugo, Hogo, Rudo, Rodo nebeneinander finden. Nun ist aus u vielfach au geworden und es gibt daher heutzutage nicht nur ein **Kunz**, sondern auch ein **Konz** und ein **Kaunz, Huss, Haus** und **Hoss, Russ, Rauss,** und **Ross, Ruth, Rauth** und **Roth, Trut, Traut** und **Trott** u. s. w. Tritt nun aber ein Verkleinerungsansatz hinzu und in Folge dessen der Umlaut ein, so kann aus Huss Hüssel, Hüss und Hiessel, Hiess, Hiss, aus Haus Häusel, Häuss und Heiss werden.

Es ergibt sich daher folgende Wahrnehmung: da o und u identisch sind und aus letzterem bald äu, eu, ai, ei, bald ü, ie, i geworden ist, so können alle diese Vocale ein o oder u vertreten und thun es auch immer, wenn nicht ein ebenso berechtigter Stamm mit dem Vocal i vorhanden ist. Bissl und Beissl z. B. müssen von Buto, Buso = Boto, Boso kommen, weil kein Bito, Biso vorhanden; Rissel und Reissel dagegen können eben so gut von Rizzo als von Ruzzo herstammen. — Bito, Biso findet sich allerdings bei Förstemann, allein nach meiner Ansicht gehören auch diese Formen zu Boto, Boso, worüber wir später noch sprechen werden.

Sehr verschieden hat sich das alte iu gestaltet.

Es kommt uns namentlich in den drei Stämmen thiud (Volk), liut (jetzt nur noch im Plural Leute), liub (lieb) entgegen. Den gothischen Namen Thiudareiks (bei den Griechen $\Theta \varepsilon \upsilon \delta \acute\varepsilon \varrho \iota \chi o \varsigma$) schreiben die lateinischen Scribenten Theodoricus. Nach diesem Muster entstand aus Liutpold Leopold, aus Liutpercht Leoprecht, aus Thiudbald Theobald und aus Liubhard konnte sogar ein Leopard werden. (Davon wohl der italienische Name Leopardi). Eine andere Veränderung des iu ist aber in eu. Wie altes niun, fiur, liute später neun, Feuer, Leute geworden, so wurde aus Liubolfing Leubelfing, aus Thiutbert Deubert, aus Liutpold Leupold.

Die Aussprache ist in Schwaben noch meistentheils die richtige, während die bayerische eu und ei, ai nicht unterscheidet und daher auch diese Zeichen ohne Unterschied für einander gebraucht.

Im Gegensatze zu eu, welches ei geschrieben wird, findet sich aber auch eu, wo ei stehen sollte, wie in Seuffert, Seubert, Seupel, von Sigfrid, Sigbert, Sigpold. Hier hat das eu nicht mehr Berechtigung als in Pfeuffer, Leutner und dergl.

Ferner konnte iu nach Analogie von tiur, liub, diub = Thier, lieb, Dieb, in ie übergehen, wie Dietrich, Diebold, Liebrecht, Dietl, Liebl und Liedl oder gar in i, wie Dittrich, Lippert zeigen.

Althochdeutsch Liubisaha (Bach des Liubhart) ist zu Loisach geworden, was das Volk jetzt Luisa spricht, und so finden sich auf bayerischem Boden auch Formen wie Loibl, Loidl oder Luibl, Luidl.

In andern Fällen konnte aber das i auch ausfallen, und daher aus Liubo Laub (neben Leib, Lieb und Lob), aus Liubheri Luber und Lauber (neben **Leiber**, **Lieber** und **Lober**), aus Liubhart **Laubhart**, aus Liubman **Laubmann** werden. So wurde auch aus Thiudbald **Taubald**, aus Thiudbert **Taubert** und aus Thiudo, Thudo, da u = o, nicht allein **Daut**, sondern auch **Todt**.

Ferner, wie neben Seifried auch **Seefried**, so findet sich neben Deibold, Leipold und Leitold auch **Debold**, **Debelt**, **Lebold** und **Ledold**. (Im Deminutiv **Debel**, **Lepel** und **Ledl**.) Ebenso **Lebert** für Liebhart.

Endlich ist auf einen durchschlagenden Satz aufmerksam zu machen, nämlich, dass jeder einfache Vocal, wenn die Silbe auf einfachen Consonanten ausgeht, geschärft oder gedehnt werden kann. Es versteht sich, dass in der Dehnung i gerne in ei, u in au übergeht. Es steht also **Hann**, **Mann** neben **Hahn**, **Mahn**, **Marr** neben **Mahr**, **Wick** neben **Weick**, **Sick** neben **Sieck**, **Hass** neben **Haas**, **Huss** neben **Haus**, **Russ** neben **Raus**, **Ross** neben **Roos** u. s. w.

Diese Erscheinung ist wohl auch ins Althochdeutsche zu versetzen, wo ebenso Esso und Eso, Hasso und Haso, Husso und Huso, Hanno und Hano, Manno und Mano, Marro und Maro nebeneinander vorkommen.

3. Erklärung alter Wörter.

Nach dieser Erläuterung der Lautverhältnisse gehen wir an die Erklärung einiger nicht mehr verständlicher Wortstämme und beginnen mit den Adjectiven.

h a r t ist zwar unser jetziges hart, allein in den Namen scheint ihm eher die Bedeutung stark oder kühn zu gebühren. Wackernagel sagt, es bezeichne strengen Muth und ausharrende Kraft. So also Arnhart, kühn wie ein Aar, Bernhart, Eberhart, Leonhart, Wolfhart (nicht Wohlfahrt, wie gewöhnlich geschrieben wird), Rudhart, Volkhart (Vollhard), stark durch Ruhm, durch das Volk. Wigard für Wighard, stark im Kriege. Neidhart wird nicht als stark im Neide erklärt, sondern als stark im Zorne oder im ehrgeizigen Wetteifer, was Nit, Neid früher ebenfalls bedeuten konnte.

Das betonte hart ist jetzt häufig in ein tonloses ert übergegangen, wie in Burkert, Deinert (Degenhart), Eckert, Englert, Gebert, Laudert (Ludhart), Lehnert, (Leonhart), Liebert, Mannert, Siegert, Volkert, Weichert (Wighart) u. s. w.

Nicht zu verwechseln mit diesem —ert ist ein anderes, welches zu einem tonlos gewordenen —frid gehört, wie z. B. in Daffert, Göpfert, Reifert, Seiffert, Teuffert, Wülfert = Tagfrid, Gottfrid, Richfrid, Sigfrid, Thiudfrid, Wilfrid.

Wie sind Arneth, Bernet, Bennat, Deinet, Ehret, Erat, Geret u. s. w. zu deuten? Doch wohl als Arnhard, Bernhard, Deinhard, Erhard, Gerhard? Im „Etat der Bürgerschaft der Stadt St. Gallen 1854" findet sich ausdrücklich angegeben, dass die dortige Familie Bernet früher Bernhard, auch Bernath geheissen. Bernatz und Beratz ist also wohl = Bernhard's.

Ist Ebert Eberhard oder Egbert? Wahrscheinlich beides. Eppert (in Hessen) weist übrigens auf Egpert.

mar, berühmt. Schon bei den Cheruskern findet sich Sigimer, wie Armins Vater hiess. Die Gothen geben uns Gibimer, Gundamer, Theodemer, Walemer. Dies Wort lautet jetzt nur selten noch mar (Vollmar, Weimar), in den meisten Fällen ist es in tonloses mer verkommen, hat sich aber sehr häufig erhalten, als z. B.

Badumar (Schlachtberühmt), jetzt Bammer, Pammer, im Diminutiv Pemmerl; Fridmar = Frimmer; Germar (Speerberühmt) = Germer; Gundmar = Gummer; Hademar = Hammer; Hildemar = Hilmer (alle drei: Schlachtberühmt); Hugimar (Geistberühmt) oder Hunimar (Hunnenruhm) = Hummer; Kunimar (Geschlechtsruhm) = Kummer, im schwäbischen Diminutiv Kimmerle; Lindmar (Schlangenruhm?) = Limmer; Ludmar (Lautruhm) = Lummer, Laumer, Lommer; Reginmar (Machtruhm), Reinmar = Reimer; Rudmar (Ruhmesruhm) = Rumer, Raumer, Romer; Thiudemar = Dietmar, Dittmer, Dettmer, Diemer, Teimer, Daumer, Dommer; Trutmar (Trautruhm) = Trumer, Traumer; Volkmar = Vollmer — (Dietmar und Volkmar sind die germanischen Vertreter des bekannten griechischen Damokles), Winimar (Freundesruhm) = Weimar, Wimmer u. s. f.

Für Wimmer ist aber noch eine andere Ableitung gegeben. Widum, ahd. Wihadum, gleichsam Weihthum, heissen nämlich in manchen Gegenden die zu einer Pfarrkirche gestifteten Gründe und der Widembauer, Widmann, Widmaier, Wimmer ist der Mann, der den Widembau als Pächter besorgt (Schmeller IV, 32).

Von Dankmar ($Xαριχλῆς$), Dammer, stammt als Diminutiv die aus Spindlers Vogelhändler von Imst rühmlich bekannte Firma Tammerl & Cie. zu Zams im Oberinnthale, wie aus Sigmar ($Nιχοχλῆς$) Simmer, das verkleinerte Simmerl, in Franken Simmerlein, welches kaum von Simon herzuleiten. Dagegen mag mancher Sigmund in einen Simon übergegangen sein.

Vielleicht ist dies —mar, nachdem es unverständlich geworden, öfter in das bekanntere Maier hinübergeschlüpft. Germaier, **Hillemaier** u. dgl. könnten früher wohl **Germar**, **Hildemar** gewesen sein. Dagegen scheint aber **Chrismar** nur ein veredeltes **Griesmaier**.

palt, polt, bald, bold = kühn, tapfer.

Davon **Gundpold** = **Gumpold**; **Hildepold**; **Ratpold** = **Rappolt**; **Rudpold** = **Raubold**, **Roppelt**, auch noch im Ortsnamen **Rupolding** erhalten; **Humbold** (Hunnenkühn); **Gotpolt** = **Goppelt**, **Nitpold** = **Nippold** u. s. w.

peraht, perht, brecht, bert = prächtig, glänzend, das englische bright.

Davon **Adalperaht** = **Albrecht**, **Albert**; **Gundpert** = **Gumpert**; **Hildepert** = **Hilpert**; **Rudprecht** = **Rupprecht**, **Ruppert**; **Liutprecht** = **Leoprecht, Leupert, Lippert.** Letzteres bekanntlich der Name des Karl Theodorischen Günstlings und geistlichen Rathes, dessen Nachruhm seinem Namen — Volkesglanz — allerdings nicht entspricht.

Unser **hold** in **Leuthold, Reinhold, Weinhold** u. s. w. gibt einen ganz falschen Schein. Was jetzt hold geschrieben wird, schrieb man nämlich in alten Zeiten oald oder ald, und dies ist als walt vom Verbum walten zu erklären. **Reinhold** z. B. wurde früher Ragnoald, Reginald geschrieben, und daraus ging **Reinwald** oder **Reinold** (italienisch **Rinaldo**) hervor, in welch letzteres man später ein überflüssiges h setzte. So ist auch **Arnold**, früher Arnoald, italienisch Arnaldo, gebildet; etwa: mit Adlerkraft waltend. Hieher gehört ferner **Grimoald**, aus der agilolfingischen Zeit herüberhallend, **Grimwalt**, was in die Schreibung **Grünwald** oder **Greinwald** übergetreten ist (ital. **Grimaldi**). So auch **Bernhold, Gerold, Herold, Marold Meinhold, Reichold** u. s. w. (Der Ortsname Grünwald ist aber, wie sich von selbst versteht, aus dem grünen Wald zu erklären.)

Auch Reinholz findet sich wie Reinherz, jenes aus Reinhold's, dieses aus Reinhart's entstanden, so dass Holz und Herz nichts damit zu thun haben. Ebenso sind Weinholz, Braunholz, Burgharz, Eberz zu betrachten. Wie Reinhart zu Reinert, so wird Reinold zu Reinelt, Reichold zu Reichelt. Mitunter versetzt sich auch das l und aus Heinold wird Heinleth, aus Herold Herlet, aus Magold Macklot, aus Humbold Humblot. So auch Gerloff, Ortloff, Rudloff für Gerolf, Ortolf, Rudolf.

Es folgen nun auch einige Substantiva, die unentbehrlichsten, die wir dem Leser nicht erlassen können, obgleich solche Glossare insgemein für so belehrend erachtet werden, dass sie kaum mehr für unterhaltend gelten können. Glücklicherweise sind wir in der Lage, einige sehr oft verwendete Wörter, wie Bär, Bote (Boto), Fried, Geisel, Grimm, Gott, Muth, Noth, Rath, Ruhm, Sieg u. a. m. als bekannt voraussetzen zu dürfen.

Kar, Ker, Gar, Ger bedeutet Speer und findet sich z. B. in den Namen Garibald, Kerpalt (Speerkühn), jetzt Gerbold, in Gerhard, Gernot, Gertrud (Speertraut): Beringer, Wolfger = Bärenspeer, Wolfspeer.

Gund und Hild bedeuten beide Kampf oder Schlacht, davon Gumpold, Gumprecht, Hilpold, Hilprecht, die wir schon oben angeführt, auch Gundolf = Gundwolf, wovon der Ortsname Gundolfingen. Guntram aus Guntraban, der Schlachtrabe.

Aus diesem —ram ist zuweilen auch —rum geworden, wie in Guntrum, Leutrum = Liutram, Wolfrum.

Thusnelda, Armins Gattin, ist von J. Grimm als Thursinhild, Riesenkampf, erklärt worden. — Ein drittes

Wort für Schlacht oder Krieg ist **Hadu**, wovon Hadupalt = Happolt, Haduprecht = Happert, u. s. w. — Ein viertes **Badu, Patu**, wovon Badumar = Bammer, ein fünftes endlich **Wig**, wovon Wigpert, jetzt Wippert, Weipert; **Wigand, Weigand**, ein altes Participium wie Heiland, u. s. w.

Wigand wäre also eigentlich der Kriegende. Zu Wigand und Heiland stellt sich ein drittes Participium, nämlich Troant, Truant, der Drohende, welches im Diminutiv zu München als Triendl, Trindl, Treindl, Trendl, in Augsburg als Tröndle vorkommt.

Wig als zweiter Theil findet sich in **Ehrwig, Hartwig, Hellwig** (Heldwig), **Ludwig** u. s. w. Auch **Ballweg, Bollwöck, Herwegh** sind als Baldwig, Herwig zu erklären.

Hari, Heri, unser heutiges Heer, ursprünglich wohl, wie **Grimm** behauptet, nur einen einzelnen Helden bedeutend, als erstes Stück leicht erkennbar, als zweites meist in tonloses er verhallend, so z. B. ʼHariperht = Herbert, und dagegen Perahthari = Prechter; Hariwalt = Herold und Walthari = Walther. Ferner Gundhari = Gunder, Günther; Meginher = Meiner, Menner; Reginher = Reiner, Renner; Lothari, Lutheri = Luther (Lautheer oder Lautheld), Lauter; Liuther = Lüder; Thegenher = Theiner; Badheri, Patheri = Bader und Peter; Giselher (wovon Geiselhöring) = Geisler; Hunheri (Hunnenheld) = Hauner; Runheri (run bedeutet Geheimniss) = **Rauner**.

Hugu = Sinn, Gedanke, Geist; davon Hugibert = Hubert, der durch Gedanken glänzt; Hugibald = Hubald, Haubold = Geisteskühn. Aus Hugipoto = Geistesbote, ist Haupt geworden, wie aus Sigiboto Seibt.

Magan, Megin = Macht, Gewalt. Davon Meginrat und Meginhart = **Meinrad** und **Meinhart**.

Ragan, Regin, ungefähr derselben Bedeutung. Davon Reginperht, Reginald, Reginpald = **Reinbert, Reinwald, Reinold, Reinhold, Reinbold** (ital. Rambaldi).

Hrod, Rod, Rud = Ruhm, Lob. Davon **Ruedeger** = Ruhmesspeer ($Al\chi\mu\delta\kappa\lambda\nu\tau og$), der Name des erlauchten Markgrafen von Pechlarn im Nibelungenliede, auch noch mit tieftoniger Endsilbe **Rudigier**, Name des hochwürdigen Bischofs von Linz. Rodhari = **Roder, Röder** ($\Sigma\tau\varrho\alpha\tau ox\lambda\tilde{\eta}g$); Rodrich, der spanische Rodrigo, jetzt **Rorich, Rörich; Rudolf** für Rudwolf, Ruhmeswolf. Auch **Rothmund** schwerlich vom rothen Munde, sondern von Hrodmunt — Munt, manus, ist althochdeutsch Hand (auch Schutz), daher Ruhmeshand, ein vielversprechender Name für einen strebsamen Augenarzt!

Die westlichen Franken sprachen Chrod für Rod. Chrodegang, der Name des berühmten Bischofs von **Metz**, der im achten Jahrhundert den verwilderten Clerus wieder versittlichen wollte, lebt in München noch als **Rothgang** fort.

Thiuda, Theoda, später Diet = Volk. Davon Theodebald, jetzt **Theobald, Diepold, Taubold;** Thiudebert = **Deubert, Taubert;** Thiudehar = **Deuter, Ditter, Dietherr, Dieder, Dauter, Dotter** ($\varDelta\eta\mu\iota'\sigma\tau\varrho\alpha\tau og$); Thiuderam (Volksrabe), jetzt **Dietram,** wovon Dietramszell. Hieher auch der glänzende Name Theoderichs, des alten ruhmreichen Dietrichs von Bern, den man ja nicht mit griechischem Theodoros in Verbindung bringen darf. Rich bedeutet übrigens nicht allein reich und mächtig, sondern im Gothischen (reiks) auch Fürst, also Theo-

derich = Volkesfürst. (Später fand es auch bei Vögeln
Anwendung, um das Männchen zu bezeichnen, wie in
Enterich, Gänserich, Tauberich.) Theodelinde ist noch
nicht ganz aufgeklärt; man weiss nämlich nicht gewiss,
ob Lind Schild, Quelle oder die glückverheissende Schlange
bedeute. (Vergl. Lind-wurm.) Der Lindenbaum scheint
ausser Spiel zu bleiben.

Win, Wein = Freund. Daher Winfrid, Weinhart,
Weinhold, Weinpold; Gerwin (Gervinus); Bärwein, Eber-
wein, Gottwein, Trautwein, Volkwien. Frühwein ist
übrigens nicht einer der frühe gern zum Wein geht,
sondern ein Frowin, ein Freund des uralt heidnischen
Fro, des Gottes der Freude, des Friedens und der Fruchtbarkeit; latinisirt lautet der Name Frobenius und im
Diminutiv Fröbel. Alpwin, Alboin, Name des Lango-
bardenführers, ist Elfenfreund und in München noch als
Alwein erhalten. Jenewein dagegen gehört nicht hieher,
sondern ist Ingenuinus, wie einst ein heiliger Bischof von
Brixen hiess.

Zum Schlusse kehren wir noch einmal zu dem Worte
zurück, mit dem wir angefangen haben, nämlich zu Ger.
Dieses findet sich jetzt — an der zweiten Stelle — oft
schwer erkenntlich in vielen Namen, deren wir hier einige,
so weit nöthig mit ihren Vorgängern, zusammenstellen
wollen. Also z. B. Fridger Fricker, Hadger Hacker,
Herger, Hildeger Hilger, Hugiger Hücker, Huldger Holger, Hunger, Hunker (Hunnenspeer, im Diminutiv Hin-
gerle), Kuniger Königer, Landger Langer, Liutger Lüger,
Maganger Manger, Notger Nocker, Rabenger Ranger,
Richger Reiger, Thiudger Daucher, Trutger Troger,
Volkger Volger, Waltger Walker, Wigger, Wolfger

Wolker. Der beliebte Name Rodger ist uns nach seinen verschiedenen früheren Formen auch in verschiedenen modernen erhalten. Aus Rodger wurde **Rogger, Roger,** aus Rudger **Rucker, Ruger,** aus Rüdger **Rücker,** wovon das Diminutiv **Rückerl, Rüger** und endlich **Rieger.** Jenes **ger** ist übrigens, wie man sieht, in allen solchen Zusammensetzungen tonlos geworden, ausser in Rudigier, wogegen Hari, Heri einzelnweise sich den Ton erhalten hat, wie in Chorherr (Karheri), Dietherr, Eigenherr (Eginheri), Günthör, Landherr, Waldherr (Walthari), Wernherr, Wirnhier (Werinher, Werner). Auch das alte Mutheri, Muthheld, findet sich noch als **Muthherr,** aber auch als **Mutter, Mauter** und **Mauder.** Und der selige Winther, der zu Neuhausen bei München verehrt wird, ein alter Winidheri, Wendenheld, vielleicht ein christlicher Heros, der sich durch seine Tapferkeit gegen die Wenden ausgezeichnet, — auch er wird vom Volke noch der selige Windherr genannt.

Hier sei doch noch eines Stammes gedacht, der nach Herkunft und Bedeutung mit **ger** zusammenzufallen scheint, in sehr seltsamen Verkleidungen auftritt und **gis** lautet. Solange der Vocal betont war, konnte aus Adalgis ein **Adelgeiss** werden, was sich zu München findet. Später wurde aus is ein tonloses es, und so können wir **Backes, Lankes** durch Badugis (Kampfspeer), Landgis erklären. Noch später fiel auch das e hinweg, und aus gis wurde gs, was natürlich in ks, chs oder x überging. So haben wir den **Berkes, Berks** = Berchtgis, **Bux, Büchs** = Botgis, **Drax** = Trutgis, **Düx, Dix, Deichs** = Thiudgis, **Heygis, Hax** = Hagigis, **Hux, Haux** = Hugigis, **Leux, Leix** = Liutgis, **Max, Mechs** = Macht-

gis, **Meinx, Menges, Mengs** = Megingis, **Rex** = Ratgis,
Rix = Richgis, **Six** = Sigigis, **Wachs, Wex** = Watgis.
— Und gesetzt den Fall, dass etwa ein deutscher Ehrenmann **Ochs** hiesse (es kommt dies wirklich und namentlich in Frankfurt am Main nicht selten vor) und an der landläufigen Bedeutung dieses seines Namens kein Genügen fände, so dürfte er sich nur auf jenen Otgis berufen, der schon im Jahre 799 in einer Lorscher Urkunde erscheint, und jetzt, wenn er noch lebte, sich auch kaum anders als Ox oder Ochs schreiben könnte. Ot in Otmar, Otfried heisst aber Besitz, Eigenthum, und so würde Ochs ganz und gar aus seiner thierischen Sphäre gezogen und zum Besitzesspeer erhoben, was den Trägern dieses Namens gewiss nur angenehm sein könnte. Das beste und werthvollste, was wir auf diesem Wege gefunden, ist aber die Ueberzeugung, dass auch der ehrwürdige Bischof Flobargisus (Trostspeer), der im siebenten Jahrhundert der Kirche zu Salzburg vorstand, durch seinen Namen noch in Bajuvarien fortlebt. Aus Flobargis musste nämlich Floberx, Floerx, Flerx werden, welch letztere Form uns bekanntlich erhalten und, sofern unsere Deutung richtig, als eine wahre Perle zu betrachten ist.

Aus jenem **gis** leitet sich gisil, jetzt Geisel ab, welches unser **Muxel** und **Mangstl** erklärt. Ersteres ist Mudigisil, Muthgeisel, wie schon ein Frankenkönig im vierten Jahrhundert heisst, letzteres Magangisil, Mangisil, Machtgeisel.

Der Name Mangstl zeigt übrigens, dass zwischen s l sich ein t hineinstellte — darum ist auch Gistel nichts anderes als Gisel, Geisel. In den uralten Namen Godegisclus, Theudegisclus u. s. w. hat sich dafür ein c eingeschoben.

Uebrigens führt uns jeder Blick ins Münchner Adressbuch neue Beweise zu, wie eng der heutige Namensschatz
mit uralten Bildungen zusammenhänge. Es ist eine wahre
Schwelgerei durch diese unerschöpfliche Quellensammlung
zu wandeln! Oder sollte es uns nicht freuen, wenn wir
da so manchen bedeutsamen Namen, der schon längst
für verloren galt, noch fröhlich grünen und blühen sehen?
In den bayerischen Urkunden des neunten Jahrhunderts
z. B. findet sich öfter ein Sigifuns, siegbereit, zusammengesetzt wie das westgothische Hildefuns, später Alfonso,
Alonso, und dieser Name hat sich bis auf den heutigen
Tag erhalten als verkleinertes Seifüssl, nach dem Adressbuch ein Hausbesitzer zu Haidhausen in der Grub Nr. 29.
Auch Seidenfuss ist wohl dasselbe. Der äusserst dunkle,
aber in Bayern ehemals sehr häufige Name Kadalhoh
(J. Grimm bringt ihn mit den Quaden in Verbindung,
Müllenhoff deutet ihn vir eloquens, Stark hält ihn
für gallisch) wurde einerseits zu Kado gekürzt, was
allenfalls, wie wir später sehen werden, Katz, Kätzel,
Kessel geben mochte, während das schliessende lhoh,
loh andrerseits zu Loh und im schwäbischen Diminutiv
zu Löhle werden konnte. Wir besitzen diesen Namen
auch in lateinischem Aufputz, als Lölius.

Aus jenem funs ist wahrscheinlich das jetzige Fuss, Finzl,
Füssel, Füss hervorgegangen. Auch Bleifuss, Gailfuss, Daigfuss
erklären sich annehmlich aus Blidfuns, Gailfuns, Thiudfuns.
Blid = heiter, gail = stolz. Sogar Rehfus mag Regifuns sein.

4.　Ueber die Bedeutsamkeit der alten Namen.

Diese unsere deutschen Namen sind aber ein uraltes ehrwürdiges Gewächs und werden von allen, welche mit ihnen näheren Umgang pflegen, mit Recht bewundert. Es saust und rauscht darin von Kraft und Muth und Kühnheit, von Schlacht und Kampf und Sieg. Glänzend, leuchtend und berühmt zu werden, ward schon den Neugebornen in ihren Namen als Lebensziel gestellt. Es klingt aus ihnen der todesmuthige Geist des Volks, das ganz Europa bis zu den Säulen des Hercules, ja selbst das phönicische Carthago und den Saum der libyschen Wüste, mit Schwert und Speer erobern sollte. Dass man auch ohne Schwert und Speer, unter constitutioneller Verfassung und einem liberalen Ministerium, beim Schreibtisch oder in der Werkstätte, als Gelehrter in der Studierstube, als Fabrikant oder Bankier glänzen und berühmt werden könne, ahnten diese Recken in ihrer Heldengrösse nicht. Dennoch zeigen die vielen Namen, die mit Friede und mit Rath zusammengesetzt sind (wie Friederich, Friedwalt, Friedwart, Friedwein, Ratwart, Ratwein, Volkrat u. s. w.), dass man nebenbei doch auch die Behaglichkeit der Friedensruhe und den Rath der Weisen wohl zu schätzen wusste.

Liebe, Sehnsucht, Schmachten und die ganze Empfindsamkeit, wie sie durch die Minnesänger eingeführt wurde, ist in diesen Namen selten zu spüren. Selbst nach der Annahme des Christenthums wurden die Mädchen noch Hildegund, Grimhild, Gundhild, Wolfhild, Brunhild, Kunigund getauft, lauter Namen, wie sie in der Heidenzeit die Walkyrien geführt; denn diese halbgöttlichen

Schlachtjungfrauen waren ja das Ideal, welches der deutschen Maid jener Zeiten vorschweben sollte. Nur selten kommt uns ein Name entgegen, den auch wir für Frauen angemessen finden, wie wenn z. B. einmal eine Jungfrau Sparagildis, Sparegeld, genannt wird — eine leise Andeutung, das der todesmuthige Mann auch damals schon die umsichtige Häuslichkeit der Lebensgefährtin zu schätzen wusste. Auffallen könnten ferner die vielen reissenden Thiere und Raubvögel, die in diese Namen hereinspielen. Löwe, Bär, Eber, Adler (Ar), Rabe (Ram) kommen in den verschiedenartigsten Zusammensetzungen vor. Mit Vorliebe ward namentlich auch der siegverkündende Wolf herbeigezogen, der — als ulf, olf — sich fast an jeden andern Stamm anlegen konnte. So finden sich Arnulf (Adlerwolf), Gerolf, Gundolf, Hildolf, Meginolf, Rudolf, Reginolf, Thiudolf, Wigolf und, wie man bei Förstemann zusammengezählt sieht, noch etwa dreihundertundsiebenzig andere. Diese Thiere waren eben die ständigen Begleiter und Tischgenossen der Heidengötter gewesen, und erhielten sich noch lange in einer gewissen Verklärung. Auch ihr Muth, ihre Kampflust flössten dem alten Germanen Achtung ein. In diesem Sinn mochte er seinen Jungen gern Eberwin oder Wolfwin, Ebersfreund oder Wolfsfreund heissen, wenn auch das damit prognosticirte Verhältniss in seiner Innigkeit schwerlich an jene classischen Freundschaften von Orestes und Pylades oder Damon und Pythias hingereicht haben mag.

Jenes ulf, olf ist mitunter auch in —auf übergegangen. So ist Baldauf, Ballauf, Balluff (ital. Balluffi) = Baldolf. In Freising findet sich ein Gamauf, ganz derselbe Name, wie erm i achten Jahrhundert als Gamanolf bei Meichelbeck verzeichnet ist; (gaman ist ahd. Freude). In Würzburg lebt ein **Bitterauf** = Biterolf, ein Name, welcher bekanntlich im Heldenlied des Mittelalters und jetzt noch häufig, in München als Pittrohf, vorkommt. So auch **Gangauf** = Gangolf, der umgekehrte Wolfgang. **Hörauf** oder nach Nürnberger Schreibung **Heerauf** = Herolf, **Thierauf** = Thiurolf.

Unter diesen Namen scheinen uns freilich manche nur so zufällig zusammengewürfelt und ihrer Intention nach schwer verständlich. Was soll z. B. Gerolf sagen, der Speerwolf? oder Tagolf, der Tagwolf? oder Rudmar, der Ruhmberühmte? Ist Arnulf ein Adler wie ein Wolf oder ein Wolf wie ein Adler? Engelbero ein Engel wie ein Bär oder ein Bär wie ein Engel? Andere Namen wieder wollen uns aus andern Gründen nicht recht passend dünken. Damals konnte allerdings ein Fräulein „aus den höchsten Ständen" noch Eberswind (geschwind wie ein Eber) oder Wolfhild oder Bertramna (Glanzrabe) getauft werden, aber in unserer empfindsamen Zeit verbreiten diese Namen einen so durchdringenden Waldgeruch, dass er ihren Trägerinnen selbst leicht lästig werden möchte. *) In andern Zusammensetzungen endlich scheinen sich die Bestandtheile gegenseitig aufzuheben,

---

*) Welch wildes Naturleben, sagt Otto **Abel**, blickt uns aus solchen Namen entgegen! Wie weit über Chlodwigs und Theodorichs, ja über Armins und Marbods Zeiten weisen sie uns zurück, wo vielleicht noch kein blauäugiger Germane das Land betreten hatte, das nachmals Deutschland hiess! Auf welch uralte Periode der Religion weisen uns die zahlreichen, mit Asen und Elfen zusammengefügten Namen, wie Oswald, Alfred, Alberich? (Mit letzterem verwandt das französische Oberon als Elfenkönig.)

wie in Hildefrid oder Fridhild, Gundfrid oder Fridegund (Kriegfried oder Friedenskrieg) u. s. w.

Indessen erklären sich auch solche Phänomene, wenn man weiss, dass aus den Namen des Vaters und der Mutter oft ein dritter für das Kind gebildet wurde, der dann freilich aus Theilen bestehen konnte, die sich nur sehr widerspenstig zu einem Ganzen fügten. So konnten Vater Gerhard und Mutter Wolfhilde einen Sohn erzielen und diesen dann Gerolf nennen. Die Eheleute Waltbert (Gewaltglänzend) und Radhildis (Rathkampf), welche im achten Jahrhundert lebten, gaben ihrer Tochter den Namen Waldrada. Auch die Namen der Grosseltern und andrer theurer Verwandten wurden auf diese Weise in der Familie fortgepflanzt. Mehrere Beispiele hat Dr. Franz Stark auf Seite 159 seiner Schrift verzeichnet. Er ist überhaupt der Ansicht, dass die Germanen in der allergrauesten, vorhistorischen Urzeit nur einstämmige Namen geführt und dass die zweistämmigen erst entstanden, als Vater und Mutter die ihrigen zum Namen des Kindes zusammenzusetzen begannen. Darnach wären denn diese Bildungen nicht so fast ein Mahnruf an den Träger, ihren Inhalt wahr zu machen, als vielmehr eine genealogische Erinnerung. Man muss zugeben, dass diese Hypothese den pädagogischen Werth der Namen merklich beschränkt, aber anderseits ist nicht zu übersehen, dass die hiezu bestimmten Wörter fast alle nur Kampf, Sieg, Glanz und Ruhm bedeuteten, so dass auch beim zufälligen Zusammenflusse meistens ein Compositum entstehen musste, welches dem Volke als schön, als edel und eines Kriegers würdig erschien. Und wenn auf diese Weise der gute Rath und der süsse Friede in den Namen ebenfalls zur Verwendung kamen, so entstand nur eine angenehme Abwechselung, die gewiss nicht für weichlich gelten konnte

Aber dies ist doch alles fast zu euphemistisch! Wenn ich meine Meinung offen sagen darf, so war das deutsche Namenwesen zu der Zeit, da die Urkunden beginnen, schon in sichtlichem Verfall und der ächte Geist aus ihm gewichen. Jene Sitte, für die Kinder einen Namen aus einer Verbindung der elterlichen zurecht zu machen, musste immer mehr Combinationen schaffen, in denen durchaus kein Sinn mehr zu finden war. Man gewöhnte sich allmälich, zwei Stämme wie Stifte beliebig zusammen zu stecken, ohne sich zu fragen, ob sie auch zu einander passten. Dazu kommt, dass damals schon eine ziemliche Zahl von Stämmen vollkommen bedeutungslos geworden war. So klangen z. B. Hrod, Badu, Hadu, Gis, Gund und andre dem Althochdeutschen nicht verständlicher als uns, da diese Wörter in jenen Tagen schon ausgestorben waren und nur noch versteinert in den Namen fortlebten. Für uns haben solche Stämme erst wieder Leben gewonnen, seitdem unsre Forscher sie aus dem Gothischen, Angelsächsischen, Altnordischen zu erklären gewusst, aber König Rudolf von Burgund im neunten Jahrhundert verstand seinen Namen ebenso wenig, als Abt Hademar von Fulda und Bischof Gundechar von Eichstädt die ihrigen im zehnten und elften. Dazu kam der unwiderstehliche Trieb, die Namen zu verstalten und zu verkleinern, eine Behandlung, unter welcher allmälich ihre ursprüngliche Bedeutung ganz verloren gehen musste. Wie viele Anno, Hitto, Hatto des zehnten Jahrhunderts mochten wohl noch wissen, dass ihr Name ursprünglich Aginhard, Hildebert, Hadumar gelautet? oder, wenn ihnen auch diese Formen bekannt gewesen, so ist doch ausser Zweifel, dass damals niemand mehr angeben konnte, was Aginhard, Hildebert oder Hadumar ursprünglich bedeutet hatte. Aus der Exegese, welche die gleichzeitigen Schriftgelehrten, wie Smaragdus, ein Abt des neunten Jahrhunderts, in diesem Felde versuchten, ist auch deutlich zu ersehen, dass damals viele Namen noch ungeschickter erklärt wurden, als es heutzutage in Kalendern und andern volksthümlichen Schriften geschieht. Was aber diese unsre Behauptung sehr kräftig bestätigt, das ist die Wahrnehmung, dass schon in so frühen Zeiten ganz unorganische Namen, wie Bosold, Branzolf, Hasold u. s. w. aufkamen, eine Neuerung, welche deutlich zeigt, dass alles Gefühl für echte und rechte Namen verloren gegangen war. Ueber diese unorganischen Geschöpfe können wir übrigens erst später sprechen. Wir schliessen mit der Ansicht, dass unsere Gelehrten auf die Aufgabe, die beiden Namenstheile in einen gewissen Einklang zu bringen, schon viel zu viele Zeit verwendet haben. Viele Gebilde dieser Art sollten keinen Sinn haben und es ist daher erfolglos, einen solchen in ihnen zu suchen. Damit will übrigens nicht in Abrede gestellt sein, dass damals noch immer eine stattliche Anzahl verständlicher und hochklingender Namen wie Adalbert, Kunrat, Sigibert, Sigiboto, Sigiwalt u. a. vorhanden war und dass diese, wenn nicht jene elterlichen Zusammensetzungen eintraten, stets noch mit Vorliebe und auch mit vollem Bewusstsein ihrer Bedeutung verwendet wurden.

5. Kürzung und erste Art der Koseformen.

Nachdem nun bisher von den vollständigen Namen sattsam die Rede gewesen, werden wir jetzt zeigen, wie diese im Laufe der Zeit zerstückelt, verkleinert und abermals verkleinert wurden, und wie auf solchem Wege Tausende von unverständlichen Zunamen entstanden sind, die man erst in neuerer Zeit allmählich wieder als die Kinder jener ehrbaren und würdigen Väter zu erkennen anfängt.

Wir beginnen unsere Darstellung mit dem klarsten und einfachsten Vorgang. Die Deutschen warfen nämlich schon in uralten Zeiten die eine Hälfte ihres Namens weg und behielten für den Hausgebrauch nur die andere bei. In den meisten Fällen war es die zweite Hälfte, welche der Vergessenheit überlassen wurde. Der Torso erhielt dann im Althochdeutschen ein schliessendes o, heutzutage findet sich dies in Niederdeutschland noch als e, in Oberdeutschland ist es ganz weggefallen.

In Mittel- und Niederdeutschland hat sich aber auch noch das archaistische o erhalten, wie in Hugo, Otto, Thilo, Busso, Hanso u. s. w.

So entstand also aus Berenhard Bero, jetzt **Bär**, aus Burkhart Burco, jetzt **Burk, Bork**; aus Dankmar Danco, **Dank**; aus Fridrich Frido, **Fried**; aus Garibald Garo, **Gar**; aus Gerhard Gero, **Gehr**; aus Gotfrid Goto, **Goth**; aus Grimwalt Grimo, **Grimm**; aus Gundhart Gundo, **Gund**; aus Haribert Haro, **Harr**; aus Heribert Hero, **Her, Heer, Hör**; aus Hartmann Harto, **Hart**; aus Kerpalt Kero, **Kehr**; aus Kuonrat Kuno, **Kuhn**; aus Maganhart Mannhart, Manno, **Mann**; aus Marpoto Maro, **Marr**; aus Markwart Marko, **Mark**; aus

Ortwin Orto, **Ort**; aus Otmar Otto, **Ott**; aus Reginhart Regino, **Rein**; aus Richart Richo, **Reich**; aus Thiuderich Thiudo (Theodo, unser Agilolfinger!) Diet, Daut, Todt; aus Trutpert Truto, **Traut**; aus Volkmar Volko (Fulco), **Volk**; aus Winibald Wino, **Wein**. Geht der erste Stamm in b, g, d aus, so finden sich diese Laute oft verdoppelt und verschoben. So bilden sich aus Gebhard Gebo und Geppo und daraus **Geeb** und **Gepp**; aus Hademar Hado, Hatto = **Had** und **Hatt**; aus Hugibert Hugo, Huco, Hucco, Hucho = **Hug, Huck, Hauck, Hock, Hauch**; aus Sigfrid **Sieg** und **Sick**; aus Wigbert **Weig** und **Wick, Wich** und **Weich**.

Auch diese übergebliebenen Stücke nennt man schon Kose- formen, obgleich z. B. der Tiroler keineswegs zu kosen glaubt, wenn er Michael, den Hausknecht, Much ruft. Jene Bezeich- nung ist vor etwa zwanzig Jahren eingeführt worden und klingt etwas boudoirmässig. Manchem würde „Schmeichelform" wohl besser gefallen.

Hiebei ist nun aber sowohl für das Vorausgehende als für das Folgende meinerseits zu bemerken, und ande- rerseits wohl zu behalten, dass der zweite Theil der Zu- sammensetzung nie mehr zu erfragen ist — er fällt, wie schon erwähnt, spurlos ab und verschwindet. Gund mag daher ebensogut von Gundhart herrühren als von Gundo- bad, Gundobald, Gundbrecht, Gundebrand, Gundfrid, Gundegisel, Gundher, Guntram, Gundoland, Gundemar, Gunderich, Gundolf u. s. w. Ebenso muss Volk nicht nothwendig von Volkmar kommen, sondern kann auch von Volkbald, Volkbrecht, Volkher, Volkhart, Volkram u. s. w. übrig geblieben sein. Den zweiten Stamm mag sich daher der Leser bei all diesen Trümmerformen nach

eigenem Geschmack auswählen. Hin und wieder steht
dagegen die Wahl des ersten frei, nämlich jedesmal, wenn
das vordere Stück abgeworfen und das hintere beibehal-
ten worden ist. So mag Polt von Liutpolt stammen,
kann aber ebenso gut ein Rest von Gerpolt, Gundpolt,
Herpolt sein, ebenso Precht von Adalprecht, Gundprecht,
Hildeprecht u. s. w.

Nicht alle, aber die meisten dieser Stämme können
übrigens ebenso gut an erster wie an zweiter Stelle
stehen. Wir finden, wie bereits gezeigt, Hariperaht und
Perahthari (wovon Perahtharisgaden, jetzt Berchtesgaden),
Hramperaht und Perahthram (Rambert und Bertram),
Harigund und Gundhari, Hildegund und Gundhild u. s. w.
Nur ist zu bemerken, dass Burg, Gart (Haus), Gund,
Heid (Person oder Eigenschaft), Hild, Lind, Trut, wenn
sie an zweiter Stelle stehen, wie z. B. in dem ebenerwähn-
ten Hildegund und Gundhild, dann in Adelheid, Walburg,
Herburg, Gertrud, Irmengard, Hildegard, Theodolinde
u. s. w. immer nur Frauennamen bedeuten. Einige an-
dere Stämme dagegen, wie hart, mar u. s. w. werden
an zweiter Stelle nur zu Männernamen verwendet.

Aus Frauennamen scheinen keine Familiennamen entstanden
zu sein, was eine wohlthätige Erleichterung ist, da uns die
Mannsnamen allein schon genug zu thun geben. Indessen soll
damit die Frage nicht entschieden sein, denn Namen wie Hil-
gard, Helgert, Menhild könnten gleichwohl von althochdeutschen
Matronen herrühren.

Nun beginnen aber die Verkleinerungen. Der Althochdeutsche konnte nämlich an alle jene übriggebliebe-
nen Stücke — ilo setzen, und so entstand also ein Burkilo, Dankilo, Gebilo u. s. w. Bald aber trat das Gesetz

des Umlauts ein, d. h. das i der zweiten Silbe wirkte
— jedoch nicht immer — auf den Vocal der ersten,
wenn er a, o oder u war, und gestaltete ihn zu ä oder
e, zu ö, zu ü oder ie, i um. Aus dem später eingetretenen au wurde auf diese Weise, wie schon oben besprochen, äu, eu, ei, ai. Zugleich verlor die Sprache,
je älter sie wurde, mehr und mehr den Schmuck der
klingenden Laute, die ihr Jugendalter geziert hatten, und
aus ilo wurde ein verhallendes el, wie wir es heutzutage
haben und öfter nur durch l darstellen. Unter solchen
Einwirkungen wurde also Berilo **Berl**, Burkilo **Bürkl**,
Dankilo Dankl, Denkel, Fridilo **Friedel**, Gebilo, Geppilo
Gebel, Geppel, Garilo **Gerl**, Gotilo **Göttl**, Grimilo **Grimmel**, Greimel, Gundilo **Gundl**, Gündel (davon die Gindel-
alm bei Tegernsee), Hartilo **Härtl**, Hattilo **Hettel**, Her-
ilo **Herl**, Hörl, Hugilo, Hukilo **Hugel**, Hügel, Hückel,
Hickl, Häugel, Heigel, Kerilo **Kerl**, Kunilo **Kundl**, Mann-
ilo **Mandl**, Marilo **Merl**, Markilo **Märkel**, Ortilo **Oertel**,
Ottilo **Oettl**, Reinilo **Reindl**, Richilo **Reichl**, Rudilo **Rüdl**,
Riedl, Sigilo, Sikilo **Siegel**, Sickel, Sichel, Thiudilo **Dietl**,
Trutilo **Treuttel**, Volkilo **Völkl**, Wigilo **Weigl**, Winilo
Weindl.

Berl findet sich auch als Bierl und ebenso Gierl, Hierl,
Mierl für Gerl, Herl, Merl. Wierl kömmt von Werner und
Ihrl von Erhard. Darum ist auch Gürlet = Gerold. Von Marilo
kommt also Merl und wohl auch Mörl. Mit letzterer Schreibung ist bekanntlich in Tirol eine angehende Heilige aufgetreten.
Allerdings könnte man auch Möhrl schreiben, was sich als
kleiner Mohr auslegen liesse, wozu wieder Moriggl, moriculus,
stimmt, Name eines namhaften Glaubenshelden zu Innsbruck.

Alle diese Verkleinerungen nun haben sich zwar bis
zum heutigen Tag erhalten, allein neben den vollen Formen

kamen neuerdings gekürzte auf; man warf nämlich das verkleinernde el wieder weg und begnügte sich mit dem Rest. So blieb denn von Bürkel Bürk, Birk, von Denkel Denk, von Härtel Härt, von Merkel Merk, von Oertel Oert, von Oettl Oett, von Riedl Ried, von Völkl Völk. Der Unterschied zwischen Bürk, Denk, Härt, Merk, Oert, Oett, Ried, Völk und Burk, Dank, Hart, Mark, Ort, Ott, Ruth, Volk ist also der, dass diese letztern Namen, so wie sie sind, aus dem grauen Alterthum herüberkommen, wogegen die erstern schon durch eine Verkleinerung durchgegangen, und erst, nachdem sie deren Kennzeichen abgeworfen, zur Einsilbigkeit zurückgekehrt sind. Auch Goethe ist sicherlich eine Ableitung von Gotfrid, Gothard, Gotilo, Götel, und derselbe Name, der sich bei uns als Göth, Gött, Gett findet.

Eine Spielart des eben dargestellten Verfahrens ist es, wenn bei dem Abwurf des zweiten Stammes auch der erste nicht unversehrt erhalten, sondern selbst wieder gekürzt wird. So wurde Adalbert zu Ado (jetzt Adt, pfälzischer Deputirter im bayerischen Landtage, und Ade in Stuttgart), Eberhard zu Ebo, Eppo, jetzt Epp, Reginhard zu Recco, jetzt Reck u. s. w. Aber auch aus diesen Trümmern wurden wieder Koseformen gebildet und so stand denn neben dem Ado bald ein Adilo, Edilo, jetzt Edel, neben Ebo, Eppo ein Ebilo, Eppilo, jetzt Ebel, Eppel, Epplein, neben Recco ein Rekilo, jetzt Reckel u. s. w.

6. Zweite Art der Koseformen.

Die Sprache unserer Altvordern hatte aber noch ein anderes weit reichendes Mittel um Schmeichelformen zu bilden, nämlich den Buchstaben z. Wollte man dieses Mittel anwenden, so wurde der zweite Stamm ebenfalls weggeworfen, zugleich aber in folgender Weise verfahren:

1) Stand nach dem Vocal der ersten Silbe eine Muta (b, g, d, p, k, t, f, ch), so liess man sofort an deren Stelle ein zo, zzo eintreten. Aus Adalbert entstand also Azzo, aus Fridrich Frizzo, aus Gebhard Gezo, aus Gotfrid Gozo, aus Hademar Hazzo, aus Hugibert Huzzo, aus Ludwig Luzzo, aus Rudolf Ruzzo, aus Thiudrich Thiuzzo, aus Sigfrid Sizzo, aus Udalrich Uzzo, aus Wigbert Wizzo.

Da nun aus althochdeutschem wazzar, pezzir, wizzan, ein neuhochdeutsches Wasser, besser, wissen geworden ist, so sollten jene Namen zu unserer Zeit eigentlich nur Goss, Hass, Huss, Luss, Russ, Diess, Seiss u. s. w. lauten, allein die Eigennamen gehen nicht auf alle Regeln ein, welche ihnen die Grammatiker vorlegen, und so laufen denn jetzt z und ss in diesem Revier friedlich neben einander her. Neben Huss und Hussel gehen Hutz und Hutzel, neben Hass und Russ stehen Hatz und Rutz. Wizzo ist durch Witz und Waitz vertreten, aber auch durch Weiss. Sizzo ist zwar als Seitz sehr weit verbreitet, aber es findet sich auch Siess und Seiss und im Diminutivum Seissl, was ich neulich zu meinem grossen Vergnügen in Brixlegg entdeckt habe. Aus Thiuzo ist Diez und Deutz geworden, aber auch Diess, Diss und Deiss; aus Liutpold, Liuzo schwäbisch Leuze, aber bayerisch neben Luitz und Leiz auch Leiss. Ebenso ist Reiss ein Doppelgänger von **Reiz**, welches auf Richard, Rizo zurückgeht. Daher der Name des alten Schlosses Reizenstein, nicht etwa von den landschaftlichen Reizen. Der alte Andechser Graf, der im Amperthale verehrt wird (letztes Jahr wurden seine Gebeine gestohlen, aber glücklich wieder „zu Stande gebracht"), er kommt uns in vier Formen entgegen, als Ratpoto, als Graf Rath (Name seiner Wallfahrtskirche), als Razzo in den früheren Urkunden und als Rasso, was jetzt ein beliebter Taufname unter dem Landvolk dortiger Gegend ist.

Als Nachfolger von Frizzo zeigt sich nur **Fritz**, nicht Friss, welch letzteres sich wohl „aus bewegenden Gründen" in die Schreibung Friess, Fries (Diminutiv Friesel) geflüchtet haben mag, wornach denn allerdings etwas zweifelhaft wird, ob alle Zeitgenossen, welche sich Fries nennen, wirklich von den alten Friesen abstammen. — Uebrigens kommt — s o in diesen Schmeichelformen eben so früh vor, als — z o. Baso, Boso, Buso, Haso, Huso u. s. w sind ebenso alt als Bazo, Bozo, Buzo, Hazo, Huzo.

2) Stand aber nach dem Vocale der ersten Silbe eine Liquida (l, n, r), so trat der Ansatz z o erst nach dieser ein, und es wurde also aus Bernhard Berzo, jetzt **Bertz, Pertz**, aus Gerbold Gerzo, jetzt **Gerz**, **Görz**, aus Hildebert **Hilz**, aus Gundebald **Gunz**, aus Kerpalt **Kerz**, aus Kunrad **Kunz**, aus Lindolf **Linz**, aus Muntger **Munz** u. s. w.

Diese mit z gebildeten Namen sind wahrscheinlich jünger, als die der ersten Art, aber sie gehen immerhin bis in die Tage unserer Agilolfinger zurück. Schon der Mitbegründer des Klosters Benedictbeuern, der fromme Landfrid, der ums Jahr 740 lebte, wird in der Klosterchronik „der gute Lanzo" genannt. (Daher auch Lanzenhard, fälschlich Lanzenhaar geschrieben, Dorf bei München.)

Wenn aber iso = izo ist, so erklären sich wohl auch die Namen auf —eis, die bei uns nicht selten, als **Balleis** für Baldeis = Baldizo von Baldwin, **Brandeis** = Brandizo von Brandolf, **Brauneis** = Brunizo von Brunold, **Gareis** = Garizo von Garibald, **Grimeis** = Grimizo von Grimwald, **Hareis** = Harizo von Haribert, **Mareis** = Marizo von Marold, **Reheis** = Regizo von Reginhart, **Romeis** = Romizo von Rumwalt. (Zu Grimo, Krimo, wäre noch zu bemerken: der alte berühmte Name Isengrim hat sich in Hessen als **Eisengrein** erhalten. Dieses Grein, wofür allerdings oben schon Greinwald = Grimwald einsteht, erklärt aber nicht allein **Greindl, Greinz**, sondern gewiss auch **Grendl, Krenn, Grenz, Kränz**, in welchen ei in e, ä übergegangen. Darum ist auch **Krembs** sicher = Grimizo.) In andern Fällen ist aber aus jenem —iso auch —isch geworden, denn **Gierisch, Irmisch, Heunisch, Reinisch** sind sicherlich nur Abkömmlinge von Gerizo, Irmizo (Irmenfrid), Hiunizo (Hunpolt), Reinizo. Für dasselbe —iso findet sich endlich auch —es, —is, —os, —us, wie **Ahles** von Ahl = Adalbert, **Bernus** (Bernhard), **Burgis** (Burghard), **Gebus** (Gebhard), **Gehres** (Gerold), **Hannes** (Hagano), **Helmes** (Helmbrecht), **Heres** (Herold), **Landes** (Landfrid), **Mages** (Maganhart), **Mannes** (Mannhart), **Regus** (Reginhard), **Rieges** (Rüdiger), **Seelos, Seelus** (Selibert) u. s. w., Formen, die namentlich am Rhein sehr häufig sind. **Burx, Birx** ist ein contrahirtes Burgis. **Harless** kommt von Hariliso (Haro, Harilo). Nicht selten ist dies — eis auch in —eisen übergegangen, wie in **Gerdeissen, Helmeisen, Lotheisen**, von Gardizo = Gardulf, Helmizo = Helmbrecht, Lotizo = Lodwig u. a. m. Ueberhaupt mag dem Sizzo ein Sigizo, dem Heinzo ein Heinizo vorausgegangen sein und daher jetzt noch Namen wie **Segitz, Heinitz**, eigentlich die älteren Formen für Seitz und Heinz.

Nun begann aber das fröhliche Spiel von neuem. Diese Formen sollten zwar Koseformen sein, aber sie schienen gleichwohl nicht genug zu kosen, und man setzte also wieder — ilo an. So entstand denn ein Gezzilo, jetzt **Gessel**, ein Hazzilo, jetzt **Hatzel, Hassel, Hessel**, ein

Huzzilo, jetzt Hutzel, Hussel, ein Razzilo, jetzt Ratzel, Rassel, Ressel u. s. w. Aus Mahalfrid (Mahal, Volks- oder Gerichtsversammlung, wovon Malstatt) wurde Malfrid, aus diesem Malo oder Malzo, jetzt Mall und Malz, und daraus wieder Malzilo, Melzel. Aus Starkolf (Starkwolf) wurde Starzo, Starz (davon das tirolische Sterzing), Starzilo, Stärzel; aus Sintram Sinzilo, Sinzel. Auch der Name des Bischofs Draculf (Drachwolf) von Freising, der schon lange, nämlich im Jahr 926 gestorben ist, hat sich in solcher Verkleidung noch erhalten. Aus Draculf wurde nämlich Drazzo, jetzt Dratz, dann Drazzilo und daraus Tratzl, Trassl, oder umgelautet Dressel, Tressel. Hieher gehört endlich Tazzilo, Tassilo, der in Bajuvarien wohlbekannte Name des letzten unglücklichen Agilolfingers, der schon verschiedentlich, zuletzt sogar Dachsel, gedeutet worden ist. Bis gelehrtere Forscher das Richtige gefunden, wollen wir hier nur die Ansicht hinterlegen, dass es kaum etwas anderes sein kann als die ganz gewöhnliche Koseform von Tagaperaht = Dagobert, wie einst drei merovingische Frankenkönige hiessen. Tazzo, Tazzilo, Tassilo ist heute in München noch als Datz, Datzl, Dassel und Dessel erhalten. Auch der berühmte Ablasskrämer Tetzel ist eigentlich ein Tazzilo.

Allerdings wäre auch eine Ableitung von Tato (Vater?) möglich, welchen Namen ein Longobardenkönig im sechsten Jahrhundert führte. Sie wird von Dr. Stark empfohlen.

Aber wie man Merkel, Völkel wieder zu Merk und Völk verkürzte, so warf man stellenweise auch hier das kosende —el wieder ab, und neben Dressel, Hützel, Melzel, Sterzel haben wir auch unser Dress, Hütz, Melz,

Sterz, neben Hessel, Ressel unser Hess, was nicht jedesmal der Volksname sein muss, und unser Ress.

Um nur annähernd zu zeigen, wie reichlich sich diese Bildungen entfaltet haben, wollen wir gleichwohl noch einige Beispiele vorführen:

Burghart, Burz, Borz, Bürzel, Bürz.

Dankmar, Danz, Denzel, Denz.

Gotthart, Gotz, Götzel, Götz; Goss, Gössel, Göss.

Gundobald, Gunz, Günzel, Günz.

Hartmann, Harz, Herzel, Herz.

Landfrid, Lanz, Lenzel, Lenz.

Mannhart, Manz, Menzel, Menz.

Marold oder Markwart, Marz, Merzel, Merz.

Notger, Notz, Nötzel, Nötz; Noss, Nössl, Nöss.

Nordbert, Norz, Nörzel, Nörz.

Richart, Ritz, Ritzel, Reitz, Reitzel; Riss, Rissel, Reiss, Reissel.

Volkmar, Volz, Völzel, Völz.

Walther, Walz, Welzel, Welz.

An den Monatsnamen ist bei Merz kaum zu denken, auch nicht bei Mai, welches ohne Zweifel von Maio, Meio herrührt, einer Abkürzung von Maginhart. Der erste bayerische Meio kommt schon in einer Scheftlarer Urkunde des Jahres 762 vor. Oftmals laufen mehrere Vollnamen in eine Koseform zusammen. So kann Herz durch Harz, Herzel im dritten Glied von Hartmann abstammen oder als Herizo im ersten von Heribert. Ebenso kann Menz aus Manz, Menzel entstehen oder unmittelbar aus Meginhard, Meginzo. (Jedenfalls ist darnach jenes Menzing in Münchens Nähe benannt, „das lustige Menzing.“) Auf solchen Zusammenlauf der Möglichkeiten können wir aber nur gelegentlich hindeuten, denn ein fortwährendes Angebot zwei- und dreifacher Herleitungen, deren eine so annehmbar als die andere, würde den Leser mehr verwirren als aufklären.

Uebrigens sind viele solche Namen zu finden, welche ein sch zeigen, wo die übrigen z und ss. Deisch, Drasch, Frisch, Hasch, Husch, Lusch, Nisch, Rasch, Reisch, Rusch werden nämlich nichts anderes bedeuten als Deiss, Dratz, Fritz, Hass, Huss, Luss, Niss (Nithard, Nizzo), Rass, Reiss, Russ. Dasch, Deschel, Däsch, Desch geht durch Dazzo auf Dagobert zurück, Göschel durch Gozzo auf Gotthart, und Pasch, Peschel leitet sich ebenso von Paturich (Kampfreich) ab, wovon auch Patz. Dusch, Dosch ist soviel als Tuzzo, wovon Tutzing am Starenberger See, und dieses eine Koseform von Thiuderich.

Wenn aber Haus von Huzzo, Huso abzuleiten, so kommt Hausch wohl eben daher, und Lausch, Rausch, Tausch sind soviel als Luzzo, Ruzzo, Tuzzo. Hin und wieder tritt sogar tsch ein, wie in Fritsch, Hautsch, Hetsch, Netsch, Nitzsch, Patsch, für Fritz, Hauz, Hetz, Nötz, Nitz, Patz, oder in Wetsch für Wetz, welches von Wezilo = Werner, in Götschl, das von Gozzilo, in Rietschel, das von Ruzzilo stammt. Darnach wäre denn das oben gegebene Verzeichniss noch einiger Ergänzungen bedürftig. Ja, noch eine weitere Reihe ist im Anzug, da auch so manche einsilbige Namen, welche in st auslauten, ohne Zweifel hieher zu ziehen sind. Hast, Heist, Leist, Lust, Lüst, Mast, Rast, Rost, Rust, Rist können nämlich kaum etwas anderes bedeuten, als Hass, Heiss, Leiss, Luss, Lüss, Mass, Rass, Ross, Russ, Riss. Denn auch Geist ist ja dasselbe was Geis, welches von Giso = Giselher abzuleiten. Ebenso vergleichen sich Gunst, Kunst, Künstel, Kunstmann und Gunz, Kunz, Künzel, Kunzmann, Gerstel und Gerzel, Göstel und Göschel. Neben Adelgeiss kommt in München auch **Adelgeist** vor und ebenso findet sich **Hillegeist** für Hildegis.

Die Formen in **s ch** und **s t** sind schon im Alterthume begründet, nämlich so:

1) Die Koseform in — **s s o** konnte den weiteren Ansatz ico erhalten; es konnte also aus Asso, Rasso, Riso, Ruso, Tuso auch Assico, Rassico, Risico, Russico, Tusico und daraus später **Essig, Rässig, Reisig, Russig, Tausig** werden. Das i konnte aber auch ausfallen und aus Asco, Rasco, Risco, Rusco, Tusco musste dann nothwendig **Asch, Rasch, Risch, Rusch, Rausch, Tausch** entstehen. (In Lindau noch jetzt ein Rasco.)

2) Seltener ist es, dass an jene Koseformen — **i t o** hinzutritt, aber Asito, Husito, Lusto, Rusto kommen auch schon in althochdeutschen Zeiten vor. Unsre **Posset, Rosset** verhalten sich zu **Post** und **Rost,** wie **Essig** und **Tausig** zu **Asch** und **Tausch.** Soll unser **Haseidl** nicht ein altes Hasito sein?

Endlich kann noch bemerkt werden, dass sich das schliessende z zuweilen auch nach den Liquiden in **s ch** und **t s ch** vergröbert. So finden sich z. B. **Bersch, Bertsch, Dantsch, Gersch, Güntsch, Harsch, Munsch** für Berz, Danz, Gerz, Günz, Harz und Munz. — **Borst, Horst** und **Norst** gehören zu Burzo, Harzo und Norzo; **Herbst** vielleicht zu Herbert, wie **Komposch, Kompast, Kompst** zu Kundpert.

Einzelweise findet sich auch s für z nach liquiden Buchstaben, wie z. B. **Malss** für Malz (Malfrid), **Balss** für Balz (Baldwin), **Kinsele** für Künzele, **Einsele** für Einzele (von Eginhard), **Linss** für Linz.

Alle jene Formen sind aber schon seit der Longobardenzeit auch in Italien bekannt. Auch dort finden sich die Gozzi, Lanzi, Manzi, Mensi, Mersi, Teusi (Götz, Lanz, Manz, Menz, Merz, Denz) u. s. w. Und wie bei uns aus uralter Zeit das Gedächtniss der Hofstifter Berilo, Gotilo, Gozilo, Marzilo, Ozilo, Pozilo noch in den Dorfnamen Berling, Göttling, Gössling, Marzling,

Oessling, Pötzling erhalten ist, so finden sich auch in der Lombardei die identischen Dorfnamen Berlingo, Gottolengo, Gossolengo, Marzelengo, Ossolengo, Pozzolengo u. a. m.

Damit wären denn die durchschlagenden Regeln aufgestellt — es gibt aber auch Ausnahmen und zwar von allerlei Art. Von diesen wollen wir jedoch nur die erheblichsten vorführen.

Aus Berngar, Bernhard wird z. B. Benno (statt Berno) und daraus wieder Benl, Bendel, Pendel, oder Benz, Bensch, Benzel.

Hin und wieder tritt z gleich nach dem ersten Vocale ein, wenn ihm auch eine Liquida folgt. So wurde nicht allein aus Gebhard, sondern auch aus Gerhard Gezo, aus Hildeburg Hizzila, aus Hermann oder Heinrich Hezilo, wie unter andern ein bayerischer Herzog hiess; aus Warinher (Wehrheld) Waso, Wazzilo, jetzt Waas und Watzel, aus dem späteren Wernher Wezo, Wezilo, jetzt Wetz, Wess, Wetzel, Wessel, Wesel.

Ausserdem kommt von Wernher, welches sich sehr reichlich entfaltet hat, auch Wöhrn, Werr, Wühr, Wierl, dann Werndl, Werle, Wörnz, Wirz, Würz, Werzel und wahrscheinlich auch Würstel; ferner, nach Analogie von Benno, Bendel, Benz, Benzel, Wendel, Wenz, Wenzel, was nicht nothwendig von dem böhmischen Wenzeslaus abstammen muss. Endlich auch Wetsch und West.

Auch unser Nassl, Nessel scheint auf Nantwein zu gehen, wovon sich aber auch noch Nanzo, jetzt Nanz, findet. Die Bedeutung ist entweder kühner Freund oder Freund der Göttin Nanda, welche Balders Gemahlin war. Bekanntlich heisst so ein im Landgericht Wolfratshausen verehrter Heiliger und ein sagenhafter Herzog der Bayern.

Bernhard wurde ferner zu Pezo, Pezilo, wovon unser

heutiges Petz, Petzel, Betzel, Pessl, Bessel u. s. w. Es
ist daher begreiflich, dass Petz auch als Koseform für
den Bären gebraucht wird.

Diese Ausnahmen mussten wir wohl erwähnen, allein sie
wirken erschütternd auf alle Sicherheit der Ableitung und wir
werden ohne Noth keinen weiteren Gebrauch davon machen.

Es lohnt sich wohl der Mühe, nach all diesen Er-
fahrungen einen der gebräuchlichsten Namen in alle seine
Ableitungen zu verfolgen, und deren Unzahl hier vor
Augen zu stellen. Betrachten wir also z. B. die Nach-
kommenschaft von Hruodulf, Rudolf, und gehen wir zunächst von Rudo aus.

Es ist nur zu erinnern, dass der regelrechte Umlaut äu in
den Namen weniger häufig vorkommt, als eu, welches die
Schwaben, als ei, ai, welches die Bayern vorziehen. Ferner
schreibt der Bayer für das regelrechte ü oft ie, i, weil er auch
sprechend zwischen diesen Lauten keinen Unterschied macht.
Der Uebersicht wegen glaubten wir auch solche Schreibungen
nicht übergehen zu dürfen.

Rudo also spaltet sich in die vier Themata Rud,
Raud, Rutt, Raut, und daraus bilden sich Rüdel, Rüd,
Riedel, Ried, Ridel, Rid; Räudel, Räud, Reudel, Reud,
Reidel, Reid; Rüttel, Rütt, Rittel, Ritt; Räutel, Räut,
Reutel, Reut, Reitel, Reit.

Ebenso spaltet sich Ruzzo in Rutz und Rauz. Davon dann Rützel, Rütz; Rietzel, Ritzel, Ritz; Räuzel,
Räuz; Reuzel, Reuz; Reizel, Reiz.

zz geht aber in ss über und so entstehen Russ,
Rüssel, Rüss; Riessel, Riess; Rissel, Riss; Rauss, Räus-
sel, Räuss; Reussel, Reuss: Reissel, Reiss.

ss hat sich aber auch zu s abgeschwächt und so

finden wir Rus, Rüsel, Rüs, Riesel, Ries, Risel, Ris; Raus, Räusel, Räus, Reusel, Reus, Reisel, Reis.

ss ist aber auch in sch und tsch übergegangen und so bildeten sich Rusch, Rüschel, Rüsch, Rieschel, Riesch, Rischel, Risch; Rausch, Räuschel, Räusch, Reuschel, Reusch, Reischel, Reisch; Rutsch, Rütschel, Rütsch; Rietschel, Rietsch, Ritschel, Ritsch.

ss ist ferner zu st geworden und so entstanden Rust, Rüstel, Rüst, Riestel, Riest, Ristel, Rist; Raust, Räustel, Räust, Reustel, Reust, Reistel, Reist.

Aber auch die Form Rodo hat ihre Descendenz hinterlassen, nämlich folgende: Rod, Rödel, Röd; Rott, Röttel, Rött, Rotz, Rötzel, Rötz; Ross, Rössel, Röss; Ros, Rösel, Rös; Rosch, Röschel, Rösch; Rost, Röstel, Röst.

Auch das ältere Hruodo, Ruodo spielt noch herein; denn das bayerische Riedel, Ruotz, Rues und Ruosch weisen eigentlich auf Ruodilo, Ruozo.

Hiebei ist aber noch zu bemerken, dass der bayerische Dialect den Umlaut gern vermeidet, und dass also z. B. von Rud, Rod, Russ, Ros nicht nur Rüdel, Rödel, Rüssel, Rösel, sondern auch Rudel, Rodel, Russel, Rosel vorkommt.

Wenn wir, diesen Umstand beachtend, die obigen Namen zusammenzählen, so werden wir finden, dass sich die grammatischen Nachkommen, Kinder und Enkel des alten Hruodulf zur Zeit auf weit mehr als hundert Köpfe belaufen.

Nun versteht es sich aber von selbst, dass die landläufige Schreibung jener Namen mit der oben aufgestellten nicht immer zusammenfällt. Die Orthographie der Eigennamen richtet sich bekanntlich nicht nach Regeln,

sondern nur nach gewissen dunkel gefühlten Analogieen.
Man wird daher schwerlich ein Rud, Rüd, Rod finden,
da uns diese Gestalten ungewohnt und fremdartig vor-
kämen, sondern eher Rudt, Rüdt, Rodt, nach Analogie
von Stadt und todt, oder Ruth, nach Analogie von Muth
und Wuth. So ist auch sicherlich kein Ros zu treffen,
wohl aber nach Analogie von Moos, Schoos ein Roos.
Ebensowenig ein Ris, wohl aber ein Ries, hinter welchem
in Gedanken der Riese steht. Uebrigens ist wiederholt
zu bemerken, dass alle die Formen, in welchen i und ei
vorkommt, wie Ritz, Reitz, eben so gut und zwar auf
kürzerem Wege von Rizzo = Richard abgeleitet werden
können, als von Ruzzo.

Den gleichen Weg genau verfolgend stimmen mit
den Ableitungen, welchen Hrodulf das Leben gegeben,
jene andern überein, welche von Hlodwic, Ludwig, herrühren; doch wollen wir nur einige bekanntere Formen
vorführen, als: Loth, Lotz, Loss, Lössel, Lösch; Lud,
Lutt, Lauth, Ludl, Liedl, Lutz, Lautz, Lisch, Lausch,
Lust, Lüst und List.

Nicht minder bemerkenswerth sind die zahlreichen
Abkömmlinge, welche Boto, Poto hinterlassen hat. Es
ist wahrscheinlich das zweite Stück von Sigipoto, da die
Namen, in welchen Poto die erste Stelle einnimmt, nicht
erheblich sind. Da wir im Nachtrag den Stamm in
seiner Vollständigkeit behandeln werden, so wollen wir
nur einige, mit den Ableitungen von Rodo, Rudo ganz
parallel laufende Formen aufführen, als Both, Beutel,
Putz, Pitz, Buss, Baus, Busch — namentlich diese drei
letzteren werden uns bald wieder entgegenkommen —
Beischel, Büschel u. s. w.

Es ist bekannt, dass diese bajuvarischen Diminutive, wie sie sind, auch in Schwaben vorkommen, nur dass dort der **Märkl Merkle**, der **Merl Merle**, der **Völkel Völkle** heisst. Durch schwäbische Verkleinerung wurde aus Uhl = Ulrich auch Uehle, Ihle, Ille (nicht beatus Ille). Das schwäbische Jehlin, Jehle ist ursprünglich wohl ü-elin, ü-ele gesprochen worden und gleichfalls von Ulrich abzuleiten. Jöhle ist nur andere Schreibart.

Hieher gehört dann auch Jell, was mehr bayerisch klingt, und sogar Jall, da nicht nur Udal-, Uodal-, sondern auch Uadalrich gesprochen wurde.

Den Uebergang von uo in ie, je belegt der Ortsname Uosinwang (Feld des Uoso, Uozo = Uodalrich), jetzt Jesenwang. Sohin auch Jetzt = Uozo; Jemüller, früher wohl Jedmüller, von Uodo.

Heutzutage zeigen sich in Altbayern auch manche Namen auf l e i n, wie Baierlein, Rümmelein, Simmerlein, Wörlein — doch nur unter den städtischen Leuten, nicht unter dem Landvolk, was auf Einwanderung deutet. Früher bildete auch der bayerische Dialect seine Diminutive nach dem mittelhochdeutschen Hegelin, Ruedilin, Wizilin auf l e i n, und in Schwaben finden sich jetzt noch die Reuchlin, Rümmelin, Weckherlin u. s. w., welche aber Reuchle, Rümmele, Weckherle gesprochen werden.

In Altbayern hatte man jene Form schon abgeworfen, ehe die Namen schriftmässig wurden. Desswegen darf man denn die Namen auf —l e i n wohl alle für fränkisch halten, zumal da sie sich besonders zahlreich gerade in fränkischen Landen finden. Namentlich kommt Baierlein dort oftmals vor, was im Zusammenhalt mit dem in Bayern häufigen Fränkel zu zeigen scheint, dass in längst vergangenen Zeiten der Bayer dem Franken ebenso kosewürdig vorkam, als der Franke dem Bayern. Gibt es dort auch ein Schwäblein?

Eben weil sich jeder Leser aus einem bayerischen Oertel selbst ein schwäbisches Oertle oder ein fränkisches Oertlein bilden kann, und weil die bayerischen Koseformen in ihrer Kürze die handsamsten sind, geben wir in der Folge die schwäbischen und fränkischen Diminutiva nur ausnahmsweise, wenn sich etwa kein bayerischer Vertreter findet oder auch, wenn ein schwäbischer oder fränkischer Name sich einer gewissen Berühmtheit erfreut.

Ebenso finden sich jene Namen in Niederdeutschland wieder, wo aber an die Stelle unseres el ein ke getreten ist. Benl (Bernhard) heisst dort Benke, Deindl (Degenhard) Denicke, Heindl Heineke, Lampel (Landprecht) Lembke, Liedl Lüdke, Mandl Maneke, Meindl Meineke, Reindl Reineke u. s. w.

Einem Lübke, was also der niederdeutsche Vertreter unserer Liebl, Leibl, Loibl ist, entspricht aber auch wieder ein oberdeutsches Liebig (auch Liebich, Leibig), ein weithinhallender Name! Liubico, Liebicho verzeichnet Förstemann schon im neunten Jahrhundert. Es kann von Liebhart, Liebwart, Liebwolf herrühren.

Jenes ico, icho trat aber überhaupt gerne an verkürzte Namen und es sind solche Formen in ziemlicher Zahl erhalten. Hier einige Beispiele: Gerico = Gehrig, Hattico = Hettich, Liutico = Lüttich, Ratico = Rettich, Willico = Willich.

Mitunter scheint dies ico auch in eck, öck übergegangen zu sein, wie in Rheineck = Reinico, Lauböck = Liubico. Tritt ein genitivisches s hinzu (wie in Reinhold's = Reinholz), so wird auch ix daraus, wie in Horix = Harico.

Unser **Salg, Selig, Selch, Sölch** ist schon seit dem achten Jahrhundert in Bajuvarien bekannt als Saluhho (so hiess ein Graf, der 777 dabei war, als Kloster Kremsmünster gestiftet wurde) oder als Salico. Dies ist wahrscheinlich eine Ableitung von Salipert und bedeutet sonach einen, der im Saale glänzt. (Auch Saal. Sell, Seel gehören hieher.) Jedenfalls hat der Name nichts mit selchen zu thun, was dessen Träger vielleicht erfreuen wird. Auch — ing kömmt häufig vor, wie in Niebling, was ein ganz deutlicher Nibelung sonst, aber jetzt ein Pfandverwahrer in München ist; **Killing** = Künneling bedeutet einen Verwandten, von künne, Geschlecht; Häring, Hering ist von Hero abgeleitet, gewiss nicht von dem Fische gleiches Namens; Hessling gehört zu Hezzilo. — ung ist in Oberdeutschland selten, doch kommt Gerum öfter vor, ein deutliches Gerung und nicht etwa von geh' 'rum abzuleiten. Das niederdeutsche Adelung heisst bei uns **Edling.**

Der Ansatz in, im Altdeutschen sehr häufig, übrigens ohne besondere Bedeutung, lediglich eine Erweiterung des schon verkürzten Namens, hat sich nur in wenigen Fällen erhalten. Z. B. **Weltin** von Walther. **Ballin** und **Gottein** können Baldin und Gotin, vielleicht aber auch Baldwin und Gotwin selber sein.

7. Dritte Art der Koseformen.

Wir gehen nun an die dritte Art der Koseformen, welche sich von den beiden früheren merklich unterscheidet. Während nämlich diese den zweiten Stamm ganz und gar verwarfen, so dass kein Laut mehr übrig blieb, der an sein ehemaliges Dasein mahnt, so nimmt die letzte

Art bei ihren Schöpfungen immer den Anlaut des zweiten Stammes zu Hilfe. Aus Gundopald bildet die erste Art Gundo, die zweite Gunzo, die dritte und letzte aber schafft ein Gumpo, nunmehr Gump. (Davon der Burgname Gumpenberg.)

Jener Flügelmann des zweiten Stammes ist nun aber so kräftig, dass er jeden andern Consonanten, der vor ihm steht, wenn es nicht l, r oder nach Umständen n ist, vollkommen aufzehrt, und so erwachsen denn allerdings Sprösslinge, deren Zusammenstellung mit ihren Vätern überraschen mag, an deren gesetzlicher Abkunft aber gleichwohl nicht zu zweifeln ist. Dass Dankmar und Damm, Dietmar und Diem zusammengehören, ist übrigens urkundlich bezeugt (Tancmarus qui et Tammo, Thietmarus qui et Tymmo) und längst bekannt. Auch dass Ruep und Rüepel von Ruodprecht abzuleiten, ist nur wenigen ein Geheimniss. Die Bildungen nach diesen Mustern sind aber sehr zahlreich zu finden, und wir erlauben uns zu näherer Prüfung eine Reihe derselben vorzuführen, die zum grössten Theil noch unerkannt sein dürften.

Der zweite Stamm kömmt also nur mit seinem anlautenden Consonanten in Betracht. Es ergibt sich daher auch hier wieder Ungewissheit oder freie Wahl, wenn mehrere taugliche Stämme mit dem gleichen Consonanten beginnen. Ohm z. B. mag Otmar, aber auch Otmunt sein; Seib kann Sigbert, Sigbold, Sigboto vertreten.

Wenn die neuen unverkürzten Formen nicht ganz und gar mit den alten zusammenfallen, wie Hartmann, Herbert, Sigfried u. s. w., so haben wir sie, wie sie eben zur Hand waren, in Parenthese ebenfalls angegeben, wobei denn allerdings einige wiederholt wurden, die schon früher vorgekommen sind. Manche andere dürften noch nachzutragen sein.

Adalbert = Alb, Elbel.

Adalfrid = Alf.

Agibert, Egibert = Eyb, Eibel. Egipert (Eippert) = Eipel.

(Von einem solchem Eipel, ahd. Eipilo, stammt auch unser Eipilinga, jetzt Aibling.)

Badger (Backer, Bager) = Back, Bach, Bachel, Beggel, Beeg, Beck.

Badmar (Bammer) = Bahm, Bemmel.

Baldger (Balger) = Balk, Bolch, Pulg.

Baldmar (Palmer) = Bolm, Palm.

Blidger (Blicker, Bleicher) = Pleig, Bleich.

Blidmar (Bleimer) = Bleim.

Botfrid (Boffert, Biffart; Pöferlein) = Buff.

Botger (Bocher, Bücker) = Bock, Boch, Buck, Buch, Bauch, Beigl, Bögl, Bög, Böckel, Pögl, Buckel, Bugl, Biegl, Bieg, Biechl, Pickl.

Botmar (Bommer, Pommer, Pummer) = Bumm, Pimmel, Baum, Bohm, Bäuml.

Brandker = Pranckh.

(Brand = Schwert.)

Brandmar (Bramer) = Braam, Bramel, Brehm.

Brunker = Brunk, Brink.

(Brunja = Panzer.)

Brunpert = Prump.

Dagbert = Daab. Dagpert (Dappert) = Dapp.

Daganfrid = Dampf.

Daganpert = Dampp, Tampel.

Dankmar (Dammer) = Damm, Demmel, Demm, Dehm.

Degenger (Denker) = Teng, Dengg, Dengl.

Degenpert = Dempp, Tempel.

Dultger (Dülcher, Dilcher, Delcher) = Dulk; Dolch, Dilg.

(Ahd. Tuld = Fest, wovon die Münchener Dulten.)

Dultpert (Dülpert) = Dolp, Delp.

Fridker (Fricker) = Frick.

Goldger = Golch, Gölkel.

Gotbert = Gob, Gobbel, Göbel, Göb. Gotpert (Goppert) = Gopp, Göppel, Göpp.

Gotger = Gogg, Gogel, Göckl, Göck.

Gundfrid = Gumpf, Gompf. Kundfrid = Kumpf.

Gundmar (Gummer) = Gumm, Guem, Gaum.

Gundpert (Gumpert) = Gump, Gümpel, Gimpel. Kundpert = Kümpel, Kimpel.

Gutbert = Gaub, Geibel, Geib. Gutpert (Geuppert) = Gaupp.

Gutfrid = Gauff, Gift.

Gutger (Gucker, Gieger) = Guck, Gugel, Gügel, Gückel, Gigl, Gauch.

Hadbert = Haab, Habel, Hebel, Heeb. Hadpert (Happert) = Happ, Haap, Happel, Heppel, Hepp, Heep.

Hadfrid = Haff, Haaf, Haft, Häfel, Hefele, Häffelin.

Hadker (Hacker) = Hack, Heckel, Heck.

Hadmar (Hammer) = Hamm, Hammel, Hämel, Hemmel, Hemm.

Haganfrid = Hanf, Hanft.

Haginker (Hänger) = Hank, Heinkel, Henkel, Henk.

Haganprecht (Hambrecht) = Hampp, Hampel, Hempel.

Hartfrid = Harff.

Hartmann = Harm.

Herbert = Herb. Herpert = Herpp.

Herfrid = Herff.

Hermann = Herm.

Hildbert (Hilpert) = Hilb, Hilpl.

Hildmar (Hilmer) = Hilm.

Hugbert (Hubert) = Hub, Hubel, Hiebel, Haub, Häubel, Hobel. Hugpert = Hupp, Hüppl, Hopp, Höppl.

Hugfrid = Huff, Hauff, Hüffel, Häufl, Hoff, Hupf, Hopf, Höpfl.

Hugmar (Hummer) = Humm, Hom, Hummel, Hommel, Hümmel, Himmel, Himm.

Huldger (Holger) = Holg, Holk, Holch.

Humfrid = Hompf.

Karbert = Korb, Körbel. Karpert = Karp.

Karfrid = Karpf, Kerf, Kerpf, Korf.

Kotbold (Kobelt) = Kob, Koob, Kobell, Kobl, Köbel. Kotpold (Koppold) = Kopp, Koppel, Köppel, Köpp.

Kotfrid = Kopf, Köpfel, Köpf.

Kunimar (Kummer) = Kuom, Kohm, Kümmel, Kimmel.

Kutfrid = Kuff, Kauff, Kiefel.

Kutger = Kuch, Küchel, Kiechle, Kich; Kugel, Kügel, Kick.

Kutpert (Kaupert, [Kiepert?]) = Kaupp, Keupp, Kipp.

Landmar (Lammer) = Lamm, Lahm, Lemmel, Lemm.

Landpert (Lampert) = Lamp, Lampl, Lempp.

Lindbert (Limpert) = Limb.

Lindger (Linker) = Link, Lingl.

Liutger (Lüger) = Leuk, Leik, Liegl.

Liutmar (Leimer) = Liem, Leim.

Liutpert (Leipert) = Lipp, Lippl.

Ludfrid = Lauf, Luft, Löffel.

Ludger (Luger, Lucker) = Luck, Lückel, Laug, Lauk, Lauch, Laugl, Loch, Lichtl, Licht.

Marfrid = Morf.

Muntger = Munk, Münkel, Mink.

Mutfrid = Muff, Muffel.

Mutger (Mucker, Müger) = Muck, Muckel, Mauk, Mauch, Moog, Mook, Moch, Moggl, Möckel, Möck, Mugel, Mück, Mieg.

Nitker = Nick, Nickl,

Nitpold (Nippold) = Nipp.

Notger = Nock, Nugel.

Notpert (Nocker) = Nopp, Noppel.

Odalfrid = Olf (Olif?).

Ortfrid = Orff.

Otfrid = Off, Oefele, Oeff.

Otger (Ocker) = Ogg, Och, Auch, Ockl, Oeggl, Oegg, Uckele, Igel.

Otmar = Ohm, Oehm.

Otpert (Oppert) = Opp, Oppel, Oepp.

Raganfrid = Ranff, Rampf, Ranft, Ranftl.

Raganger (Ranger) = Rang, Rank, Rankl, Renkl, Reng, Renk.

Raganmar, Reginmar (Reimer) = Ramm, Rahm, Reim, Remm, Rehm, Remmel.

Raganpald (Rambold, Reinbold) = Ramp, Rempel, Remp.

Ratboto = Raab, Rabl, Rebel, Reeb. Ratpoto
= Rapp, Rappel, Repp.

Ratfrid = Raff, Raffel, Reff.

Ratger = Ragg, Rackel, Rächel, Reckel, Reck,
Reeg.

Richfrid (Reifert) = Reif, Riffel, Ripfl.

Richpold = Ripp, Rippl.

Rodker (Rogger) = Rock, Rogg, Rochel, Rockel,
Röckel, Röck.

Rudbert (Raubert) = Raub, Rubel, Robel, Rübel,
Reubel, Rüb, Rieb.

Rudpert (Ruppert) = Rupp, Ruepp, Raupp, Rup-
pel, Roppel, Rüeppl, Rüppel, Riepl.

Rudfrid = Ruef, Ruf, Riefl, Rief.

Rudger (Rugger) = Rug, Rueg, Ruck, Ruch,
Rauch, Rauchel, Reuchlin, Rügel, Riegel, Riegg, Rieck,
Rückl, Rück.

Rudmar (Raumer) = Rumm, Raum, Rummel,
Rümmelin, Rümel, Rühm, Rohm, Rommel, Röhm.

(Diese Namen können aber alle auch aus dem ersten Theil
von Rumbold, Rumold abgeleitet werden.)

Rumfrid = Rumpf.

Salibert (Selbert) = Selb.

(Sal = Saal, Haus.)

Salafrid = Solf.

Sigboto (Seibt) = Seib, Seibel. Sigpoto = Sipp,
Seipp, Sippel.

Hieher gehört wohl auch Sepp, welches nicht allein in dem
oberbayerischen Tölz, sondern auch in Augsburg, Stuttgart, Darmstadt vorkommt, denn Ableitung von Joseph ist kaum zulässig.
So findet sich auch Sebert und Seboth für Seibert und Seibot,
Lepp von Leppert = Lippert = Liutpert, Setz für Seitz u. s. w.

Sigfrid (Seifert, Seuffert) = Seiff, Sipf.

Sigmund = Seihm, Semm, Simmel.

Sindfrid = Senf, Senft.

(Sind = Weg.)

Sindger = Sing, Sengel.

Starkfrid = Storf, Störfel, Sterf.

Das häufige Stork ist wohl die erste Hälfte dieses Namens, schwerlich Storch, ciconia; davon Storz, Störzel, Störz.

Thiudbert (Deubert, Taubert u. s. w.) = Daib, Daub, Däuwel, Deibel, Dibell, Dobel, Döbel. Thiudpert (Deipert, Döppert) = Dopp, Döppel, Duppel, Taupp, Tipp, Tippel.

Thiudfrid (Teuffert) = Doff, Duft.

Thiudger (Deucker, Taucher u. s. w.) = Tuch, Dauch, Tock, Dogl, Dich, Dick, Dickel, Digl, Tiegel, Düchtl, Dichtl, Deig, Teich, Deigl.

Thiudmar (Diemer, Teimer, Daumer, Domer u. s. w.) Diem, Diemel, Thum, Dumm, Dummel, Dümmel, Thümmel, Daum, Deimel, Dohm, Thomm, Dommel, Dümm, Thüm, Timm.

Tragpoto = Trapp.

Trutbert (Traubert) = Traub, Treibl, Trübl, Tröbl, Trieb. Trutpert = Trupp, Trippel, Treupel.

Trutger (Drucker) = Trog, Trögel, Druck, Drickel, Drück.

Trutmund = Trumm (Tremmel?).

Udalfrid = Ulf.

Volkmar (Vollmar) = Volm, Völmle, Völlm.

Waltker (Walker) = Walk.

Winimar (Weimer) = Weim.

Wintker (Winker) = Wink.

Einzelweise sind auch andere Aufstellungen möglich, wie z. B. Tempel nicht nur von Degenpert kommen, sondern auch ein umgelautetes Tampel aus Daganpert sein kann. Ja, man könnte auch Dempp zu Daganpert stellen, wie Remp zu Raganpald. Derartige Zweifel wären noch mehrere zu erwecken, allein es ist wohl besser, sie schlummern zu lassen.

An die Namen in —f hat sich mitunter ein unorganisches t angelegt, wie bei Duft, Gift, Haft, Hanft, Luft, Ranft, Senft. Dichtl und Lichtl belegen sich auch durch Hechtl = Hachilo (s. Nachtrag). Selbst Fichtl kömmt schwerlich von der Fichte, sondern ist eher Fichilo, eine Koseform von Ficho = Ficco — Fricco = Fridrich.

Warum sind aber hier keine Namen aufgenommen, deren zweiter Stamm mit l, n, r anlautet? Damit hat es folgende Bewandtniss:

a) Die einsilbigen Namen in l, ll, hl sind äusserst zahlreich (sie laufen anlautend fast durch alle Consonanten, inlautend fast durch alle Vocale des Alphabets), aber nicht leicht zu deuten. Ist z. B. nach Analogie von Ohm = Otmar, Seim = Sigmund auch Goll = Gottlieb, Moll = Mutlieb, Noll = Notlieb, Troll = Trutlieb? Es ist möglich, doch nicht sehr wahrscheinlich und jedenfalls einer näheren Untersuchung bedürftig.

In mehreren Fällen scheint ein Consonant nach dem l abgefallen. Schall, Scholl und Voll stehen wohl für Schalk und Volk, Ball, Hill, Holl für Bald, Hild, Hold.

In viel zahlreicheren Fällen ist dagegen ein Consonant vor dem l ausgefallen; fragt sich nur welcher? Da aus Adal und Udal Ahl und Uhl wurde, so mag auch aus Dietl Diehl, Dill, Thiel, Deyhle (in Stuttgart 36 mal), aus Gietl Giel, aus Götl Göhl, aus Liedl Lill, aus Riedl Riehl, aus Rudel Ruhl geworden sein. Reil, Siehl und

Weil dagegen scheinen für Reigel (Richger), Siegel, Weigel zu stehen.

Förstemann bietet eine Menge ahd. Formen in lo, llo, die aber als Primitiva betrachtet, alle keinen Sinn haben.

Um sie zu begeistigen dürfte man aber nur

1) ll für eine Vertretung von t l· oder g l, also Pallo = Patilo, Pollo = Potilo, Collo = Cotilo, Lullo = Ludilo, Nile = Nitilo, Rollo = Rodilo, Tallo = Tagilo, Tollo = Totilo, Trollo = Trotilo anerkennen. (Zu jetzigem Toll und Troll gehören auch Dölz, Tölz und Tröltsch.) Pallo hat schon Professor Freudensprung in Freising, allerdings ein verwegener Forscher, 1855 für Patilo angesehen.

2) i wäre = u = o und sohin Bilo = Butilo, Botilo, Milo = Mutilo, Thilo = Tutilo zu nehmen. Dies würde auch auf ahd. Biso, Chitzo, Miso, Hripo u. a. m. ein neues Licht werfen und Zurückführung auf Budo, Cutzo, Mudo, Hrudpert erlauben. Die Annahme scheint allerdings ein bedenklicher Anachronismus, allein für Koseformen ist sie vielleicht doch zuzugeben, und ich glaube, dass man ohne sie nicht lange mehr durchkommen wird. Dass Diso = Thiuzo, mag Timmo beweisen, das ja auch von Thiudmar stammt.

Auf diese Weise würde sich auch unser Chiemo, der uralte Bajuvare, der dem Chiemsee den Namen gegeben, als ein ganz verständlicher Cuotmar herausstellen.

b) Die Namen in n, nn, hn, wie Hahn, Mann, Thenn sind weit weniger zahlreich als jene in —l und gehören gar nicht hieher. Als eine Koseform nach der dritten Art möchte nur etwa ahd. Buno, Bono, Bonizo zu betrachten und vielleicht aus Botnant oder Botnit zu erklären sein. Davon Baun, Bohn, Bonn, Bühn, Biendl, Böhnle; Baunitz, Bonitz, Bonz, Bunz, Bienz, Binz, Bonnes, Bonschel, Bunzel. Bunico = Bunk, Bing; Punkes. Auch Kern etwa von Kernot? Eher ein altes Kerno, d. h. keine Zusammensetzung, sondern eine Ableitung von Kero.

c) **Kann man dem r zutrauen, dass es einmal vorausgehende Consonanten verschlungen habe?** Dietrich, Friedrich, Heinrich lauten in Schwaben als Taufnamen Dieter, Frieder, Heiner und kommen so auch als Familiennamen vor. Gibt's aber nicht auch zusammengezogene Formen und gehören **Thauer, Daur, Deuer, Freier, Seiher** nicht zu **Thiudrich, Fridrich, Sigrich?** **Rohr (Röhrl), Raur** scheint allerdings ein verkürztes Rodrich (bestätigt durch **Rohreis** = Rorizo) und **Chur, Kurr, Kauer** ein verkürztes Kunrad, aber darf man auch **Lier, Laier, Laihr** für **Liuderich** (jetzt **Liederich**), **Laur, Lohr** für **Luderich** (oder **Lothar?**), **Mohr, Muhr, Murr, Miehr** für **Mutrich** (jetzt **Muthreich** und **Miedrich**), **Ohr** für **Otrich** ansehen?

Die Namen in ro bei **Förstemann** erwecken dieselben Zweifel. **Liodro** scheint aber doch nichts andres als Liuderich und **Liro** mag daraus zusammengezogen sein. Darnach wären **Hiro, Miro** etwa Hugerich, Mutrich, **Tarro** Tagrich und **Diuro** Thiudrich. Aus letzterem leitet **Förstemann** unser Dürr und Dörr ab. Jenes **Tarro** ist aber ohne Zweifel das jetzige Darr und so könnten sich auch **Hiro** und **Miro** noch finden. Auf ersteres weist **Heyer**, was in Frankfurt vorkommt, und **Miro** wäre wohl zu **Meier** geworden, so dass auch dieser Name zu seiner längst bekannten noch eine ganz andere weit abliegende Deutung erhielte.

Soll **Traurig** = Trutrich sein?

Man sieht übrigens aus jener Zusammenstellung, dass auch aus den verkürzten Namen wieder neue Koseformen gebildet wurden. Aber damit waren noch nicht alle Möglichkeiten erschöpft — es stand, wie sich zeigt, auch noch frei, das verkleinernde el wieder abzuwerfen, und so ist denn also von **Häckel, Heppel, Himmel, Lämmel,**

Mückel, Oeffel, Reffel, Röckl wieder Heck, Hepp, Himm, Lemm, Mück, Oeff, Reff und Röck zurückgeblieben. Damit sind wir denn allerdings am äussersten Ziele angelangt, wo wir unser Hadger, Hadprecht, Hugmar, Landmar, Mutger, Otfrid, Ratfrid, Rodger, von denen wir ausgegangen, nur noch in duftiger Ferne schimmern sehen.

Einzelne Namen dieser Art sind mir bisher nur in ihrer Verkleinerung bekannt, wie **Gerbel** von Gerbold, **Humpel** von Humpold, **Rumpel** von Rumpold (Ruhmeskühn), **Weibel** von Wigbold, **Teufel, Tiefel** von Thiudfrid, **Reibel** von Richbold, **Reigel** von Richger, **Gaigl** von Gauger (Gauspeer), **Hergl** von Herger, **Kübel** von Kutbert, **Gunkel** von Gundger, **Kinkel** statt Künkel von Kundger. Von **Kinkel** blieb nach abgeworfenem —el **Kink** zurück und ebenso **Nerf** von Nörfel aus Nordfrid und **Melf** von Mälfel aus Malfrid. **Dimpfel** geht auf Dingfrid, **Druffel** auf Trutfrid, **Empel** auf Eginpert, **Haimpel** auf Haginpert, **Krempel** auf Krimpert zurück.

Der interessante Name Gaugengigl lässt sich vielleicht so erklären: Vater Gaug (Gauger) hatte einen gleichnamigen Sohn, welchen man den Gäugl oder des Gaugen Gäugl nannte. Dass sich gäugl zu gigl abschwächte, liegt ebenso nahe, als dass aus Sigfrid Seifert wurde. Oder: gaugken heisst nach Schmeller wackelig gehen und Gigl mag auch = Aegidius sein. Der gaugende Gigl wäre also Aegidius mit dem wackeligen Gang. Vilmar dagegen glaubt, der Name bezeichne eine musicalische Beschäftigung. Es kommt übrigens auch Gaugenschädel und Gaugenzipfel vor.

Der häufige Name **Seidel** stammt von einem althochdeutschen Sigideo, Siegesdiener. Daraus wurde Seid (wovon der Ortsname Seiding), Seith und Seidel. Die Situli, die Ahnen der Seidel, kommen schon in den bayerischen

Urkunden des achten Jahrhunderts vor. Söltl erklärt sich aus Salideo, Diener des Saales, des Hauses.

Von diesen Koseformen der dritten Art wurden aber nebst den Verkleinerungen in —ilo, —el auch alle übrigen Ableitungen gebildet, welche wir bisher kennen gelernt. Zu Bohm, Gogg findet sich ein Bomeisl, Goggaisl, zum Karlsruher Prump gesellt sich ein Lindauer Brombeis. Auch Bammes, Bommas, Göggus, Henkes, Hermes, Hilmes, Kippes, Lampes, Pokes, Rabus, Ramis, Remppis, Rieges, Rohmeis stehen den Formen in es, is, eis und us gleich, welche oben S. 40 aufgeführt wurden. An diese schliessen sich andere, bei denen der Vocal der Schlusssilbe ausgefallen, wie Damms, Dubs, Dups, Haps, Humbs, Lipps, (neben Lippus), Löfz, Raps u. s. w., welche selbstverständlich als Dammizo, Duppizo, Happizo u. s. w. zu erklären, Formen, wie sie wirklich auch schon im Althochdeutschen vorkommen. (Förstemann S. 1363, wo namentlich Hamizo, Hapizo, Obizo, Tapizo, Wippizo zu beachten). Zu Heunisch, Reinisch stellen sich Deppisch (Dapp), Kaupisch, Kopisch, Kubsch (Kaupp) u. a. Auch das alte —ico, —inc und —linc hat sich an zahlreiche Namen dieser Art gefügt, wie z. B. Dümich, Thümig, Doppich, Döbich, Happich, Herbich, Köbig, Kümich, Ohmich, Rübig u. s. w., wie Böcking, Bücking, Depping, Kieming, Roming und Bückling, Demling, Häufling, Mögling u. s. w. darthun.

Aus welcher Zeit aber stammen jene Namen der dritten Art? Man sollte glauben: Gump, Hub und Seif könnten erst entstanden sein, nachdem Gumpold, Hubert Seifried gäng und gäbe geworden, und darnach wäre ihre Geburt etwa in die Tage Ludwigs des Bayern zu stellen, da der allgemeine Durchbruch solcher ausge-

beinter Formen ins vierzehnte Jahrhundert gesetzt werden
mag. Allein jene Annahme wäre doch nicht richtig.
Es kommen nämlich schon seit dem achten Jahrhundert
Bildungen wie Hubo, Gumpo, Sifo vor, und der Urahn
unserer Seidel, ein alter deutscher Sido, findet sich schon
bei — Tacitus. Diese Art ist sicherlich allererst in der
Kinderstube entstanden, durch gegenseitiges kosendes
Anlallen der Kinder, der Zofen und der Eltern; aber bei
der Vorliebe unserer Altvordern für solche Formen blieben sie auch an den Erwachsenen, an manchem fürnehmen
Grafen, Bischof oder Erzbischof hängen. Die Forscher
sind ihnen lange nicht recht beigekommen. Förstemann
sieht sie meistens noch für Primitiva an und sucht einen
Sinn für sie, den er aber selten findet. Andere sagen:
Off ist althochdeutsch Offo, Opp ist Oppo, Rogg ist Roggo
— wobei aber nur eine Dunkelheit durch die andere er-
hellt wird. Die richtige Anschauung findet sich bei Pott
S. 226; weiter ausgeführt und durch mancherlei urkund-
liche Belege erhärtet bei Dr. Stark. Wir haben uns
erlaubt, noch weit über die urkundlichen Belege hinaus-
zugehen und glauben nicht irre gegangen zu sein. Es
liegt hier augenscheinlich einer von den Fällen vor, wo
die Neuzeit das Alterthum erklärt; denn es ist ausser
Zweifel, dass die zahllosen althochdeutschen Formen wie
Bocco, Buffo, Coppo, Gogo, Hacco, Haffo, Happo, Hubo,
Hufo, Hummo, Nicco, Raffo, Rammo, Rufo, Ruppo u. s. w.
nicht anders erklärt werden können, als wir oben Bock,
Buff, Kopp, Gogg, Hack, Haff, Happ, Haub u. s. w. erklärt haben.

Althochdeutsch kommen einige solche Formen vor, in welchen
gegen die Regel auch liquidae vor dem zweiten Stamme ausge-

fallen sind. So Woffo, welches schon Dr. Stark auf Wolffrid zurückführt, wie auch jetzt noch Wolfgang in der bayerischen Koseform Woferl lautet. So Geppa für Gerberga. Suppo (jetzt Supp, Sopp, Sauppe) ist Sundpert (Sund = Süd), Griffo, Grippo = Grimfrid, Grimpert. Von Suppenmoos d. h. dem Moose, Moore des Suppo, auch die tirolischen Suppenmooser, keineswegs von einem Moose, in welches eine Suppe läuft. Mit es, us = izo gebildet ist Suppes, Suppus (in Hessen). Zu Griffo stellt sich unser heutiges Grief, Griffel und Greif, welch letzteres zum fabelhaften Vogel Greif in keiner Beziehung steht. Deswegen sind auch die Ortsnamen Greifenberg, Greifenstein nicht so zu betrachten, als wären sie nach jenem benannt.

Endlich gibt es noch eine Art Koseformen zu bilden, welche sich dadurch zeichnet, dass zwar mitunter der erste, jedenfalls aber immer der letzte Consonant des zweiten Stammes stehen bleibt. Auf diese Art wurde Dietrich, Gerhard, Kunrat, Rudolf, Wilhelm zu Dirk, Gert, Kurt, Rolf, Wilm. Solche Bildungen kommen aber, wie uns Dr. Stark belehrt, nur in den niederdeutschen Mundarten vor, und es ist daher hier nicht nothwendig, sich näher darauf einzulassen. Doch findet sich gerade im tiefsten Süden, zu Bozen nämlich, ein bekannter Kanzelredner, der sich Trolf schreibt, was als Troðlf schon in einer schwäbischen Urkunde des neunten Jahrhunderts erscheint und sich vielleicht als Trudolf, Trautwolf erklären lässt. Als südtirolisches Gewächs könnte es aber auch durch tru alv, weisser Weg, seine romanische Deutung finden.

8. Deutsche Schimpfnamen.

Wenn nun aber Rudmar zu Rumm und Rümmel führt, so leitet Ludmar (lautrühmig) nothwendig zu Lumm und die Koseform davon wäre — hier stehen wir vor einem Geheimniss! Soll das deutsche Volk auch seine Schimpfwörter aus jenen Namen ausgewählt haben, die so mächtig von Krieg und Sieg, von Ruhm und Ehre wiederhallen? Sollte Lümmel eine Ableitung von Ludmar sein? Können wir doch der Vermuthung nicht widerstehen, dass auch· Gimpel nur ein Sprössling von Gundprecht sei, was Schlachtenglanz bedeutet. Und bei Tropf denken wir unwillkührlich an Trutfrid. — Interessant wäre zu vernehmen, was Schmeller dazu sagt; allein dieser hat die drei Wörter in sein Wörterbuch leider nicht aufgenommen. Aber auch Rüpel ist ja Rudprecht, Ruhmesglanz, und Lippel rührt gewiss nicht von Philipp her, sondern von Liutprecht, Lippert, bedeutet also Volkesglanz. Und warum soll Tölpel nicht von Dolp = Dultpert abzuleiten sein? obgleich die gemeine Meinung dahin geht, dass es vom mhd. Dörpel, Dorfbewohner, herstamme. Racker schickt sich so gut zu Radger (Rathspeer) wie Hacker zu Hadger. (Ein Racker, der erste bayerische, findet sich in einer Schäftlarer Urkunde vom Jahre 776. M. B. 8. 366.) Wahrscheinlich ist auch unser Hiesel nicht vom hebräischen Matthias ausgegangen, sondern eher ein Abkömmling von Hugibert (Gedankenglanz), Huzo oder Huozo. Lackel, meint Schmeller, könnte vielleicht vom französischen General Melac, der seiner Zeit die Pfalz verwüstete, zurückgelassen worden sein (als Hundename scheint Melakl für ewige Zeiten gesichert), aber Lacco als Mannsname findet sich bereits im elften Jahrhundert bei Meichelbeck, nur weiss man nicht, was es bedeutet. Vielleicht kommt's doch von Landker? Und warum sollte Nickel nicht von Nitker,

Neidspeer, ausgehen, wie im elften Jahrhundert ein Bischof von Freising hiess? Cauzo als Mannsname, unser heutiges Kauz, das im neunten Jahrhundert erscheint, bedeutet nach damaligen Lautverhältnissen einen Gothen, Gauten. Lump könnte leichtlich von Landprecht abstammen, möchte aber eher ein verstümmelter Lampart sein, was zu dem Rufe, welchen die goldmäkelnden Lombarden im späteren Mittelalter genossen, nicht übel stimmen würde. Matz, Metze ist sicherlich Koseform von Mathilde, Mechthilde. Unter solchen Umständen möchte ich selbst gegen Wackernagels Autorität Lenz in Faul-lenz, Hemedlenz, nicht von Lorenz ableiten, sondern viel lieber von Landfrid. Ueberraschend wäre es, wenn irgend eine Akademie der Wissenschaften eine Schrift über die Herkunft der deutschen Schimpfwörter als Preisaufgabe setzte und sich dabei herausstellte, dass sie eigentlich den edelsten Sinn in .sich tragen und nur durch Entartung des Gebrauchs in ihre gegenwärtige Lage gerathen sind!

Aus den Dialecten wäre wohl noch verschiedenes beizubringen, so aus dem bayerischen: Benz, roher Mensch, Hainel (Heinrich), Heimpel (Haginpert), beide nach Schmeller einen Einfaltspinsel bedeutend, Gispel (Gispert), unbedachtsamer, Trappel (Tragpoto), blödsinniger Mensch, Trutscherl (Gertrud), „zärtliche Benennnng einer lieben Person". Auch die romanischen Sprachen bieten mehreres. So ribaldo, ribaud, Lotterbube, deutlich ein deutsches Richbald, kaum Reginbald, wie Grimm meint. (Vgl. übrigens Diez, Wörterbuch, S. 347.) Auch Schneller in seinem eben erschienenen Buche: „Die romanischen Volksmundarten in Südtirol" gewährt einige Beispiele. Tacco, Dummkopf, kommt ebenso im Althochdeutschen als Mannsname vor und gehört zu Tagano wie Hacco zu Hagano. Berechino, Spitzbube, scheint vom deutschen Berico zu stammen u. s. w.

5*

9. Die Namen in —ler und —er.

Was es aber in Bajuvarien auch noch gibt, das sind unzählige Namen auf —ler, wie Deisler, Denzler, Gunzler, Hassler, Rassler, Rumpler u. s. w. Jetzt sind wir längst an sie gewöhnt; aber doch sind sie uns ganz unverständlich und bisher hat sie auch noch niemand zu erklären versucht. Denzler, Rassler, Rumpler könnten allerdings ron tänzeln, rasseln, rumpeln kommen, allein wenn wir Deisler, Gunzler, Hassler auf dieselbe Weise erklären wollen, so fängt die Analyse zu stocken an, und wir finden, dass wir auf dem falschen Wege sind. Dagegen werden wir vollkommen sicher gehen, wenn wir diese Formen als ursprüngliche Bauernnamen betrachten, die von der Selde, vom Anwesen, vom Hofe sich bildeten. Als z. B. Rassel, ehemals Ratpoto, dann Razzilo, dann Rassel, sich einst ansiedelte und sein neues Haus in die grüne Flur setzte, nannten dies die Nachbarn den Rassel-hof, seine Nachkommen aber nannten sie die Rassler.

Wenn also ein Landsmann in der Lage ist, Rützler zu heissen, so kann und darf er sich etwa folgenden grammatischen Stammbaum entwerfen — quem non imber edax etc. — nämlich: Im grauen Alterthum, zur Zeit als Herzog Tassilo Frauenchiemsee stiftete, lebte irgendwo im Nord- oder Sundergau ein freier Bajuvare, Namens Hruodulf; diesem folgte allmälig ein Ruodulf, diesem ein Rudolf, Rudolf zeugte einen Ruzzo, Ruzzo einen Ruzzilo, Ruzzilo einen Rützel; Rützel aber baute einen Hof, den man den Rützelhof nannte. Ebenderselbe hatte mehrere wackere Söhne erzielt und er sandte die Nach-gebornen aus in den Gau, damit sie sich dort ihr ehrlich

Brod verdienen sollten. Als ,sich diese nun unterwegs um einen Namen umsehen wollten, bemerkten sie, dass sie schon einen hatten, da sie jedermann die Rützler nannte. Damit gaben sie sich zufrieden, und als sie in späteren Jahrhunderten schreiben lernten, schrieben sie sich selber so. Auch die Rüssler, Riessler, Riesler fallen unter die gleiche Genealogie. Heisst aber einer Ritzler, so thut er besser, wenn er Richard, Rizzilo, Ritzel auf einander folgen lässt.

Auf diese Art erhalten viele bisher unverständliche Namen ihre verlässige Aufklärung. Das angehängte —er verewigt immer die Thatsache, dass der Urahn einmal Hofbesitzer war.

Dass aber Dassler von Dagobert, Dassilo, Dassl, Debler von Dagobert, Dabilo, Debel, Deisler von Thiuderich, Thiuzilo, Disilo, Deisl, Denzler von Dankmar, Danzilo, Denzel, Dressler von Draculf, Drazzilo, Dressl, Gunzler von Gundhart, Gunzilo, Gunzel, Hassler von Hademar, Hazzilo, Hassel, Nissler von Nithard, Nizzilo, Nissl, Rumpler von Rumpold, Rumpilo, Rumpel, Trüschler, Trütschler von Trutpert, Truzzilo, Trüschel oder Trütschel herzuleiten sei, brauchen wir nach den früheren Auseinandersetzungen nicht mehr weitläufig zu beweisen.

Auf diese Weise sind auch die Namen, welche in —erer ausgehen, nicht schwer zu erklären. Das erste —er ist der verklingende Theil eines Wortstammes, das zweite enthält die Anzeige ehemaligen Grundbesitzes. Die Namen Kummerer, Lammerer, Landerer, Pummerer, Ruederer, Sicherer erzählen uns, dass einmal vor Jahrhunderten ein Kunimar (Stammesruhm), Landheri (Landheld), Landmar (Landesruhm), Potmar (Botenruhm),

Ruodheri (Ruhmesheld), ein Sigheri gelebt, dass jeder derselben einen Ansitz erworben habe und dadurch zum Kummerer, Lammerer, Landerer u. s. w. geworden sei.

Allerdings gibt es auch unorganische —erer, wie denn z. B. Ederer, Engerer, Mitterer nichts anderes sagen wollen als Eder, Enger, Mitter — doch mögen gerade auch solche Namen von einem Eder-, Enger-, Mitterhof herrühren.

Nach diesem Umwege durch die verwickelteren Namen werden uns manche einfachere um so klarer erscheinen. Es ist nunmehr unzweifelhaft, dass unsere Ahnen, wenn sie Gerz (Gerbold), Grimm (Grimwalt), Heim (Heimrich), Herz (Hartmann), Hild (Hildebert), Reiss (Rizzo), Rutz (Ruzzo), Seiss (Sizzo) hiessen, nur ein Häuschen am Waldesrande zu bauen und sich dort niederzulassen brauchten, um von da an Gerzer, Grimmer, Heimer, Herzer, Hilder, Reisser, Rutzer, Seisser genannt zu werden. Je nach Umständen kann aber statt er auch ner eintreten, wie ja auch Bucher, Eicher, Fichter und Buchner, Eichner, Fichtner neben einander gehen, und dann lauten jene Namen Gerzner, Hildner, Reissner, Rutzner, Seissner u. s. w. Wer nun auf das, was bisher vorgetragen worden, einige Acht gegeben hat, der wird nichts leichter finden als Namen aufzulösen wie: Birzer, Danzer, Gerner, Göttner, Gossner, Hassner, Hetzner, Hiemer, Lottner, Lutzner, Oeffner, Ritzer, Walzer u. s. w. Daffner erklärt sich aus Tagfrid, Daffert = Daff; Deffner setzt Däffel, Deff voraus. Daff scheint sich übrigens nicht mehr zu finden, obgleich es auch in Daffenreuter erhalten ist; dagegen ist Tafel, Tafler, Täfler, Tafelmaier, was alles hieher gehört, nicht selten.

10. Die Namen in —mann.

Nachdem nun aber der Genius der deutschen Sprache in den Namen viele Jahrhunderte lang gewirkt und geschaffen hatte, übersah er eines Tages sein Werk und prüfte es. Er war zwar in der Hauptsache nicht unzufrieden mit seinen Schöpfungen, fand jedoch auch ein erhebliches Bedenken. Viele seiner Lieben waren ihm nämlich zu kurz geworden! Atz, Utz, Goss, Hass, Hub, Lipp, Ott, Uhl, Volk, Wiss u. dergl. in ihrer Einsilbigkeit sahen doch gar zu dürftig aus! Glücklicher Weise war leicht zu helfen. Wer so hiess und sich verkürzt erachtete, durfte nur ein —mann ansetzen, und der Name kam alsbald wieder zu Kraft und Haltung. Dieser Zusatz war wie ein Stelzbein, welches das abgerissene, lebendige Glied, so gut es ging, ersetzen musste. So entstanden also Atzmann, Utzmann, Gossmann, Hassmann, Hubmann, Lippmann, Ottmann, Uhlmann, Volkmann, Wissmann und viele hundert andre. Auch die zweisilbigen verschmähten später jene ergänzende Zuthat nicht und so entstanden Edelmann, Gundermann, Gunzelmann, Heinzelmann, Hutzelmann, Seidelmann und abermals viele hundert andre. Bei solchem Zusammenstoss mag aber in manchen Namen wie z. B. in Hamann, Humann, Haumann, Rumann, Thomann, Thumann der Consonant, der die erste Silbe schloss, verloren gegangen sein, so dass sie jetzt für Hagmann, Hubmann oder Hugmann, Rudmann, Thodmann, Thudmann stehen. Uebrigens soll keineswegs behauptet sein, dass —mann in allen Fällen nur ein späterer Ersatz für einen früher abgeworfenen Stamm sei. In Namen wie Altmann, Hartmann, Hermann und anderen ist es ohne Zweifel ursprünglich und uralt.

Auch dieses — mann scheint aber hie und da wieder nach der dritten Art behandelt worden zu sein. Oder ist Ulm, Schumm, Schaum nicht Ulmann, Schumann, Schaumann? Ersteres kann freilich auch zu Ulmer = Udalmar gehören; Asam aber ist schwerlich anders zu erklären, als aus Asaman = Azaman von Azzo. So wohl auch Rosom (in Nürnberg) = Rosoman von Rozzo und Salm (in Zürich) = Salamann — oder Salamuot, Salamunt? Bei Schuchmann, Schumann ist übrigens kaum an Schuh zu denken, sondern nach Weinhold und Förstemann an altn. skog, Wald oder nach Dr. Stark an ahd. scoch, Pfeil. Schoch kommt noch jetzt als Name vor.

Indessen sollen mit dem eben Gesagten auch nicht alle Functionen von — mann erschöpft sein. In Namen wie Bachmann, Flossmann, Holzmann, Stegmann, Zimmermann u. s. w. steht es augenscheinlich in einem andern Sinn, bedarf aber keiner Erklärung.

11. Betrachtung über die bisherigen Ergebnisse.

Mancher gute und ehrenwerthe Landsmann wird aber aus dieser Abhandlung, wenn er ihr überhaupt Vertrauen schenkt, die Ueberzeugung gewonnen haben, dass er sich seinen Namen ganz anders construiren müsse, als er wohl bisher gethan. Herr Wein z. B. (ich meine aber keinen bestimmten, denn Persönlichkeiten sind mir ferne), Herr Wein hat vielleicht den seinigen, seit er im Gymnasium gewesen, mit dem lateinischen vinum erklärt, und in ihm, je nachdem er selbst ein gutes Glas Deidesheimer (aus Hrn. Jordans Keller!) zu schätzen weiss oder nicht, entweder eine humoristische Vorbedeutung oder eine unwahre Denunciation gesehen — aber dieses Wein ist kein eigentlicher Wein, sondern ein althochdeutscher Freund, ein vorderer Rest von Winibald, Winfrid, Winimar, oder ein hinterer von Godwin, Gerwin,

Ortwin. Auch Herr Frühwein braucht sich nicht mehr mit seiner Liebe zum Frühschoppen aufziehen zu lassen. Der Wein hat mit seinem Namen nichts zu thun. Er ist ein Freund des Gottes Fro! Herr Rausch, der sich bisher gegen onomastische Anzüglichkeiten, vielleicht durch Berufung auf Vater Noe, Lot und andere Patriarchen zu decken suchte, wird jetzt gern anerkennen, dass sein Name nicht auf übermässigem Weingenuss seines Eponymus beruhe, sondern von Ruzzo, Rudolf herzuleiten sei. Wie sich Herr Ochs aus seiner Namensverlegenheit helfen könne, ist oben ebenfalls angedeutet. Hammer ist kein wirklicher Hammer, sondern ein alter Hadumar, und Hammel kein Thier der Heerde, sondern eine aus jenem gebildete Koseform; Hummer kein Seekrebs, und Hummel keine dichtzottig behaarte Blumenwespe, kein Bombus, sondern ersteres ein Hugmar und letzteres eine Verkleinerung davon. Auch Kummer bewahrt der Familie nicht das Gedächtniss vergangener Leiden, sondern mag als Kunimar, Geschlechtsruhm, eher grosse Erinnerungen festhalten oder eine grosse Zukunft vorbedeuten. Harz hat nichts mit Pech gemein und Herz ist keineswegs jenes empfindsame Organ, unter dessen Einfluss schon so viele Liebesgedichte und Romane entstanden sind. Hügel darf nicht als eine gedankenlose Erderhöhung betrachtet werden, sondern bedeutet vielmehr, als Abkömmling von Hugiprecht, Gedankenglanz. Herr Hunger hat in seinem Namen nicht eine ständige Anweisung auf Nahrungssorgen ererbt, sondern vielleicht ein Andenken an die Schlacht auf den catalaunischen Feldern, wo sein Aeltervater sich den Namen Hunnenspeer verdient. Wer allenfalss Link heisst, wird einsehen, dass sein Eponymus nicht etwa durch linkisches Benehmen solchen Namen erworben habe, sondern dass dieser (Lindger) so viel als Lindwurmspeer bedeute und vielleicht an den Tag erinnere, da der Urahn, wie St. Georg, siegreich mit einem Drachen oder Tatzelwurm gekämpft. Teufel ist endlich kein Bewohner der Hölle und Verführer des Menschengeschlechts, sondern Thiudfrid, wovon es stammt, ist einer, der dem Volke Frieden bringt. Im ganzen glaube ich gleichwohl, dass meine Enträthselungen in viele Familien mehr Trost und Beruhigung, als Verdruss und Unwillen gebracht haben, und mancher, der auf seinen ehrlichen Namen immer etwas hielt und dennoch nie wusste, was er bedeute, ist mir vielleicht im stillen dankbar, dass ich diesem bisher sinnlosen Gesellen Geist und Leben eingehaucht und ihn an des deutschen Volkes Heldenzeit angeknüpft habe.

12. Unechte Namen.

Nach allem, was bisher erörtert worden, sehen wir unsre lieben Ahnen mit beständiger Umgestaltung ihrer werthen Namen beschäftigt. Wir haben beobachtet, wie sie dieselben zuerst auseinander schnitten, den einen Theil wegwarfen, sich eine Zeit lang mit dem Torso begnügten, dann diesen verkleinerten, dann das Zeichen der Verkleinerung abwarfen und wieder mit dem Rest zufrieden dahinlebten — wie sie anderseits ihr —zo heranzogen, die Namen dadurch unkenntlich machten, sie abermals verkleinerten, das Verkleinerungszeichen wieder fallen liessen und sich an dem, was überblieb, ergötzten — wie sie ferner die beiden Stämme zusammenschweissten, das

Amalgam abermals verkleinerten, das Verkleinerungszeichen abermals fallen liessen und wieder sich mit einem Stückchen des ehemaligen Ganzen begnügten, bis sie am Ende dort und hier ein verlängerndes —mann ansetzten, während doch Recht und Billigkeit verlangt hätten, den Namen, wenn er zu kurz schien, einfach auf seinen früheren Stand zurückzuführen, das heisst aus Hass nicht Hassmann zu bilden, sondern den alten guten Hademar wieder zu Ehren aufzunehmen. Indessen sind die Zusammensetzungen jener Art für das Sprachgefühl nicht verletzend, denn der Hassmann ist eben ein Mann, der Hass heisst, allein der Trieb, an den Namen herumzukünsteln, führte bald auf andre wunderliche, fast bedauerliche Abwege. Man begnügte sich nämlich nicht mehr mit —mann allein, sondern wählte auch andre Ansätze und zwar namentlich —hart, —art, —ert oder —old, —olt, —elt, setzte diese an bereits bestehende Koseformen und bildete auf solche Weise neue, aber ganz unzulässige Namen. Die Erscheinungen dieser Art sind äusserst zahlreich, wussten sich jedoch bisher jedem Verständniss und jeder Auslegung standhaft zu entziehen. Sie lauten beispielshalber: Assold, Bausenhart, Beuggert, Borschert, Börzelt, Boshart, Possart, Bosselt, Dammert, Demmert, Glückert, Günzert, Hasert, Hasold, Heissert, Hemmert, Hensolt, Itschert, Mauchert, Meichelt, Mozelt, Naschold, Nastold, Niesert, Nösselt, Pensold, Raschert, Ritzert, Trautschold, Ufert, Uschold, Wassert, Witzert u. s. w.

Was Ass, Baus, Beugg u. s. w. bedeuten, ist aus dem Vorausgehenden zu entnehmen. Ein paar andre dieser Bildungen werden allerdings erst im Nachtrag klar werden. Ufert ist hier eingestellt, weil es wahrscheinlich als Off-ert zu betrachten. Es könnte aber auch Otfrid sein.

Um uns deutlich zu machen, wie verfehlt diese Bildungen seien, dürfen wir nur festhalten, dass jeder alte und echte deutsche Name nicht mehr als zwei Stämme oder Begriffe in sich aufnehmen konnte, und dass die Koseform eben der verkürzte Vertreter dieser beiden Elemente ist. Ritz z. B. ist Richard, Witz ist Wighard und Ritzert, Witzert bedeuten also eigentlich Richardhard, Wighardhard! Boshart, Possart leitet sich ab von Sigipoto, Pozo, Poso und hiesse demnach Siegesbotenhart. Itschert für Uetschert und Uschold sind als Utzhart, Utzhold anzusehen und demnach in Udalrichhart, Udalrichhold aufzulösen. Hasolt wäre Hadumarwalt, Nösselt Notpertwalt. Auch die verkürzten Formen der dritten Art haben sehr vieles zu diesen Bildungen abgegeben. So würde z. B. Bolkart, Dämmert, Munkert so viel als Baldgerhart, Dankmarhart, Muntgerhart bedeuten. Rückert wäre Rudgerhart, Ruhmspeerkühn, Mozart (in München auch Mutzhart, Mutzenhart) Mutgerhart, Muthspeerkühn oder auch Mutharthart, was doch alles — in tiefster Verehrung vor den unsterblichen Trägern dieser Namen sei es gesagt — ganz verwerfliches Zeug ist. Ursprung und Bedeutung von hart (art, ert) und walt (olt, elt) hatten sich eben, wie J. Grimm schon angemerkt, in den Zusammensetzungen bald so verdunkelt, dass sie einfach als leere Ableitungssilben verwendet wurden und niemand mehr an ihre eigentliche Bedeutung dachte, so dass Rizhart und Hasolt keinen anderen Eindruck machten als Rizico und Hasico. Der bekannteste unter diesen Namen ist in vielfacher Schreibung Pätzold, Bezold, Petzhold, **Besold** u. s. w., der insoferne zu entschuldigen ist, als man **Pez** dabei für Bär nahm (s. S. 46) und der daher dasselbe bedeutet, was Bernoaldus, Bernwalt oder **Bernhold.**

Nur selten trifft es sich, dass an die zweite Stelle solcher Bildungen auch ein andrer mehr wuchtiger Stamm als die genannten tritt. Doch haben wir z. B. **Götzfried,** was, da Götz schon Gottfrid bedeutet, mit Gottfridfrid zu erklären wäre; ferner **Bausewein,** wo Bause = Boso ist (s. S. 48) und der Sinn daher Siegesbotenfreund. **Dempwolf** ist, so zu sagen, Degenpertwolf u. s. w.

Allein, als diese Bildungen entstanden, war schon die Zeit gekommen, wo man von den Namen eigentlich keinen Sinn mehr verlangte. Die ganze Erscheinung bestätigt nur den sehr früh eingetretenen Verfall des Namenswesens, den wir oben (S. 31) besprochen haben. Es ist nicht schwer nachzuweisen, dass man schon zur Zeit der Karolinger anfing, Koseformen mit andern Stämmen zusammenzustücken, ohne sich zu fragen, welche Bedeutung etwa dabei herauskommen könnte.

Förstemann bietet bereits eine Menge solcher Namen, nur zeigt sich an zweiter Stelle eine grössere Auswahl von Stämmen, z. B. neben Bozolt auch Bosogast, Boshelm, Bosrich, Bosolf. Ebenso neben Hasolt auch Haspald, Hasland, Hasmuot; zu Azzo findet sich ein Azibald und Etzelfrid, zu Pazzo ein Pazmunt und Pazrich, zu Tuzzo ein Tusolf u. s. w. Uebrigens wurden auch solche Bildungen später nach der dritten Art behandelt, d. h. von Haspert, Raspert, Rospert blieb nur unser Hasp (Haspel), Rasp, Rosp.

Ronkarz, jetziger Abgeordneter aus Unterfranken, zusammengesetzt aus Rank = Raganker und hart, wozu ein genitivisches s getreten. Horschelt dagegen ist noch ein ächter Name, zusammengesetzt aus ahd. horsc = frisch, und walt.

Zu bemerken ist endlich, dass derlei Namen in Bayern nur selten vorkommen und hauptsächlich schwäbisch, fränkisch, rheinisch, niederdeutsch sind.

13.| Die aus Koseformen zusammengesetzten Namen.

Indessen können die Namen Götzfried, Bausewein und Dempwolf doch auf eine andre Spur führen. Bei uns auf dem Lande nämlich unterscheidet der Bauer sehr genau, wie er heisst und wie er sich schreibt. Wie er heisst, ist sein Taufname, wie er sich schreibt, sein Familienname. Letzterer bildet gleichsam ein halbes Geheimniss, das selbst bei den nächsten Nachbarn nicht immer zu erfragen ist. Im gewöhnlichen Leben heisst der Mensch Hansenseppel oder Seppenhansel oder Jörgenhiesel, d. h. Joseph, des Hansen Sohn, Johann, des Joseph's Sohn, Mathias, des Georg's Sohn. Solche Bildungen können aber jedenfalls erst entstanden sein, seitdem die kirchlichen Namen in Gebrauch kamen, also ungefähr seit dem fünfzehnten Jahrhundert. Sollten nun aber die Deutschen in andern Zeiten und auch in andern als bajuvarischen Ländern nicht mit ihren deutschen Namen ebenso verfahren sein? Sollte z. B. Götzfried nicht des Götzen Fried, d. h. Fridrich, der Sohn des Gottfrid, Bausewein nicht des Bausen Wein, d. h. Winfrid, der Sohn des Buso, Dempwolf, nicht des Dempen Wolf, d. h. Wolfgang, der Sohn des Degenpert sein? Allerdings kommen uns jetzt diese deutschen Composita viel fremdartiger vor, als jene hebräisch-griechischen, aber dieser Umstand allein darf uns nicht scheu machen. Wir sind eben längst nicht mehr gewohnt, ihre beiden Bestandtheile

als Taufnamen zu vernehmen. Wenn uns heutiges Tages
Burzo und Hanno noch eben so oft in die Ohren klängen,
als Sepp und Hans, so würden wir die Zusammensetzung
Burzhahn eben so wenig auffallend finden als Seppenhans
oder als Simonmathes, was zu Würzburg, oder als Josen-
hans, was zu Stuttgart wirklich als Familienname vorkommt. Wir wollen auf dieser schlüpfrigen Bahn noch
einige Schritte wagen, — wenn wir fallen, so werden
uns die andern Forscher wohl wieder freundlich aufrichten.

Reinhenz z. B. kann nichts anderes sein, als eine
solche aus zwei verschiedenen Mannsnamen entstandene
Zusammensetzung. Es bedeutet also Heinzen, den Sohn
des Reino. Deigendesch (A.)*) ist des Deigen Desch, d. h.
in's Althochdeutsche übersetzt Tazzo, Tazzico, der Sohn
des Tiugo (Thiudger); Ruckdeschel (W.) ist Tassilo,
der Sohn des Ruggo (Rudger); Ritzhaupt (St.) ist Hugipoto, der Sohn des Rizzo; Hattenrath ist Rato, der Sohn
des Hatto. Wenn Hiltebeutel (D.), Siebenbeutel (W.)
der Butilo des Hildo, des Sibo ist, so muss Beutelrock
der Roggo des Butilo sein. In Seidenfuss haben wir
früher (S. 26) ein altes Sigifuns gefunden; es könnte aber
auch Funs, der Sohn des Sido sein und ebenso wäre
Seidenbusch Busco, der Sohn des Sido. Darnach könnte
man ferner Haarbusch, Hagenbusch, Harzenbusch, Rauten-
busch, Thambusch als Busco, Sohn des Haro, Hagano,
Harzo, Ruto, Tagano deuten.

---

*) Diese Namen klingen zum Theil so auffallend, dass ich
für gut befunden habe, gewissermassen zu meiner Rechtfertigung
bei den meisten auch den Fundort anzugeben. (A.) bedeutet
Augsburg, (B.) Bamberg, (D.) Darmstadt, (F.) Frankfurt, (K.) Karlsruhe, (M.) München, (N.) Nürnberg, (St.) Stuttgart, (W.) Würzburg.

Diese Auslegungen mögen zur Zeit noch etwas abenteuerlich klingen, allein es liegt in ihnen vielleicht doch der Schlüssel zu dem besonderen Schrein, in welchem die letzten und dunkelsten Geheimnisse der deutschen Onomatologie verborgen sind.

Beispiele bieten sich aber so aufdringlich dar, dass wir uns gleichwohl nicht enthalten können, noch einige vorzustellen.   Also:

Abendanz = Danzo, Sohn des Abo (Adalbert).

Abenthum = Thumo (Thiudmar), Sohn des Abo.

Alberbosch (M.) = Bosco (Boso), Sohn des Adalbero.

Backmund (W.), = Muntger, Sohn des Badger.

Berdux (St. Gallen) = Thudgis, Sohn des Bero.

Bressgott (St.) — doch nicht das americanische Prescott? = Goto, Sohn des Bresso (Brechtold).

Bohmwetsch (St.) = Wezzo (Werner), Sohn des Bomo (Botmar).

Buckreis (B.) = Riso, Sohn des Bucco (Butger).

Burzhahn (St.) = Hanno, Sohn des Burzo (Burkhard).

Busenbaum = Bumo, Sohn des Buso.

Chorhummel (St.) = Hummilo (Hugmar), Sohn des Caro (Garibald).

Datzerath (F.) = Rato, Sohn des Tazzo.

Distelbarth (St.) = Barto, Sohn des Tizilo.

Eidebenz (F.) = Benzo, Sohn des Egideo.

Eisenbraun = Bruno, Sohn des Isengrim.

Eitelbuss (St.) = Busso, Sohn des Eitilo (Egideo).

Eytelwein = Wino, Sohn des Eitilo.

Freiligrath = Rato, Sohn des Frilico (Frilico für Fridilico von Frido).

Garterthum (St.) = Thumo, Sohn des Gartheri.

Gayrhos = Hoso (Hugbert), Sohn des Gero, wie Laubengaier (St.) = Gero, Sohn des Liubo.

Gottswinter = Windheri (s. S. 24), Sohn des Gozo.

Gutekunst (St.) = Kunzo, Sohn des Guto.

Hammelehle (St.) = Ello, Egilo, Sohn des Hammilo (Hademar).

Hartranft (St.) = Raganfrid, Sohn des Hartman.

Hauprich, Kauprich, Solbrig = Richo, Sohn des Hugipoto, Kutpert, Salabert.

Häuselbetz (N.) = Bezo, Sohn des Husilo.

Heitefuss (F.) = Funs, Sohn des Hegideo, Heito.

Hergenhahn = Hanno, Sohn des Herico.

Himmelstein (W) = Tegino (Teginhard), Sohn des Hummilo.

Himmelstoss (M.) = Tosso, Tuzzo, Sohn des Hummilo.

Hirsemenzel = Manzilo, Sohn des Herizo

Hoffnaass (M.) = Nasso (Nantwin), Sohn des Hoffo (Hugfrid).

Hopfenstock = Tocco (Thiudger), Sohn des Hoffo.

Hopfenzitz (St.) = Zizo (Förstemann, S. 1370), Sohn des Hoffo.

Hopphahn (St.) = Hanno, Sohn des Hoppo (Hugpert).

Hottenstein (A.) = Tegino, Sohn des Hutto (Hugideo).

Kachelriss (M.) = Risso, Sohn des Kagilo (Kaganhart).

Kohlhaas, Kohlhagen, Kohlhauf, Kohlhaupt, Kohlhepp = Hasso, Hageno, Hufo, Hugipoto, Hapfo, Sohn des Kotilo.

Kordeuter (K.) = Thiutheri, Sohn des Karo.

Kussmaul, sicherlich kein küssendes Maul, sondern Mulo, Mutilo (Mutger), Sohn des Kusso (Kutpert).

Küsswieder, gewiss nicht einer, der wieder küsst, sondern Withar (Förstemann, S. 1286), Sohn des Kusso.

Laubreis = Riso, Sohn des Liubo.

Lautermilch (K.) = Miliko (Förstemann, S. 930, Ableitung von Muthger), Sohn des Lutheri.

Lotzgesell (Hessen) = Gisilo, Sohn des Luzzo.

Lindenlaub = Liubo, Sohn des Lindo, wie wohl auch Eichenlaub = Liubo, Sohn des Egino.

Mainzweig = Wigo, Sohn des Maginzo.

Mairock (W.) = Roggo, Sohn des Maio.

Mannteufel = Tiufilo (Thiudfried), Sohn des Manno.

Meisrimmel (St.) = Rummilo (Rudmar), Sohn des Meizo (Meginhard) oder des Muso (Mutger).

Muggensturm = Sturm (Förstemann, S. 1125), Sohn des Muggo (Mutger).

Mussgang, Miesgang = Gangolf, Sohn des Muso.

Nesselhauf (D.) = Hufo, Sohn des Nassilo.

Nothhaas, Nothhaft = Haso, Haffo (Hadfried), Sohn des Noto.

Oelenheinz (K.) = Heinzo, Sohn des Odilo.

Roschlaub, Röschlaub = Liubo, Sohn des Rosco (Rodulf).

Siebenhaar, Siebenhürl, Siebenkäs, Siebenlist, Siebentritt = Haro, Herilo, Kaso (Kadalhoh), Lusto (Ludwig), Truto, Sohn des Sibo. Nur Siebenpfeiffer passt nicht in den Rahmen, müsste nur als Pfeiffer des Sibo gemeint sein. Sehr gut erklärt sich dagegen das altbayerische Siebzehnrübel als Rubilo, Sohn des Sibizo.

Simrock = Roggo, Sohn des Simo oder des Sibo.

Sommerrock (W.) = Roggo, Sohn des Sundmar.

Syptroth (W.) = Roto (Rodulf), Sohn des Siboto.

Tussbass = Basso, Sohn des Tusso.

Vollherbst (St.) = Herbert (s. S. 44), Sohn des Volko.

Winzenhörlein (W,) = Herilo, Sohn des Winzo (Winhard).

Elfroth — ein in Bayern überraschender Name, der in Wolfratshausen vorkommt. Was am nächsten zu liegen scheint, nämlich Elfenrode, die Rodung, wo die Elfen tanzen, es ist leider kaum das wahre. Der Name scheint nichts andres zu bedeuten, als Roto, Rodulf, der Sohn des Alfo, Elfo, Adalfrid.

Auch in Löffelholz steckt weder ein Löffel, noch ein Holz. Es ist vielmehr Holzo, Koseform von Holdo (Förstemann, S. 757, der aber Holz hereinzieht), Sohn des Loffilo = Ludfrid.

Guckemus, auch Guggumos, Cucumus, wird von Vilmar als: guck in's Mus erklärt, ist aber doch eher Muso, Sohn des Guggo.

Birnstiel, Lanzenstiel, Roggenstiel, Rosenstiel = Thilo, Sohn des Bero, Lanzo, Roggo, Roso. Rockenbauch (St.) = Buggo, Sohn des Roggo.

Vielleicht ist auch mit Herrgott nicht der Weltenschöpfer gemeint, sondern nur ein Goto, Sohn des Hero.

Aber wo sind die Namen hinzustellen, welche in —sack ausgehen, wie Bauchsack, Biensack, Biersack, Bonsack, Botsack, Buttersack, Habersack, Hopfensack, Laudensack u. s. w. Soll auch in diesem —sack ein Mannsname stecken? vielleicht Sacco (Förstemann, S. 1064)

6*

oder Hacco, so dass Biersack = Berins Hacco, Habersack = Hadberins Hacco, Laudensack = Ludins Hacco
wäre? Auch Acco, von Agino, thäte dieselben Dienste.
An einen wirklichen Sack zu denken, ist auch erlaubt,
doch wird es nicht weit führen.

Um die Sammlung nicht zu reich werden zu lassen,
wollen wir hier schliesen, behalten uns aber vor, einige
bemerkenswerthe Formen noch im Nachtrag aufzuführen.

Uebrigens sind auch von diesen Bildungen die meisten in Schwaben, Franken und am Rhein, ungleich
wenigere in Bayern zu finden. Der Lieblingssitz derselben
scheint aber das Stuttgarter Adressbuch zu sein.

14. Nachtrag.

Hier folgt nun ein Nachtrag zu den Familiennamen
der ersten Classe. Es sind zwar bisher allenthalben Beispiele in reichlicher Fülle gegeben worden, allein dennoch
ist eine Anzahl nicht unerheblicher Stämme noch kaum
zu Worte gekommen, und es scheint immerhin nöthig,
auch diese in ihren mannigfaltigen Erscheinungen etwas
näher zu betrachten. Ueberdiess sind noch einige andre
Bemerkungen anzubringen, für welche oben eine passende
Stelle nicht zu finden war.

Wir beginnen mit einer kurzen orthographischen
Betrachtung, welche allenfalls auch früher gegeben werden konnte, die aber hier doch besser steht, weil sie
hauptsächlich für das folgende verwendbar ist.

Es ist eine alte Unart der Bajuvaren, dass sie e und
ö in der Aussprache nicht unterscheiden. Schon vor

vierhundert Jahren schrieb man auch gerne röden, höben, stöllen statt reden, heben, stellen.

Da aber auch ä in manchen Wörtern denselben Laut hat, wie e in reden, heben, stellen, so wird ein Landsmann zwischen Lech und Leitha, der nur durch unsre Dorfschulen gegangen, auch jetzt nicht zu fehlen meinen, wenn er etwa Fösser, Göst, Kölber, Nögel, Schlöge schreibt statt Fässer, Gäste u. s. w. Dieses bestätigt uns das Münchener Adressbuch, wo wir Bäck, Scherg und Ferg, eigentlich Schärg und Färg (von althochd. scarjo, farjo, welche mit Schaar und fahren zusammenhängen) ganz entsprechend Böck, Schörg und Förg geschrieben finden Daran schliessen sich Höcht, Höss, Köck, Schnöll, Stöger, Stöttner u. a. m. Da nun aber ö und e überhaupt für identisch angesehen werden, so suchte man letzteres für so viele schmerzliche Verluste wieder dadurch zu entschädigen, dass man ihm auch manches ö zur Vertretung übertrug. Diesem Gefühl von Billigkeit entsprechen z. B. die Schreibungen Esterer, Esterhammer, Estner für Österer, Österheimer, Östner.

Die Schreibung Örtel findet sich in unsrer Münchener Quelle nur viermal, Ertel aber dreiunddreissigfach, obwohl auch dieses von Ortilo kommen wird, weil ein Artilo, Ertilo nicht concurrirt, wie denn auch in Stuttgart nur Örtle, kein Ertle, zu treffen. Die Leute, die einst in der Oede wohnten und daher die Öder genannt wurden, schreiben sich jetzt alle ohne Ausnahme Eder — in München über 30 Nummern. Nur in den zusammengesetzten Namen streiten noch beide Schreibungen (z. B. Ameisöder, Schusteröder). Uebrigens ein Name, der nur in Bayern vorkommt.

Aus diesen Wahrnehmungen überzeugen wir uns nun allerdings, dass ä, e, ö in vielen Fällen miteinander verwechselt wurden, allein diese Ueberzeugung schafft uns nur Verlegenheiten. Es finden sich z. B. die drei Koseformen Pazilo, Pezilo, Pozilo, die erste von Paturich, die zweite von Bernhard, die dritte von Sigipoto herrührend. Diesen entspricht eine grosse Anzahl neuerer Namen, die in einer Menge von Schreibungen umhergehen, aus denen wir aber nur die drei Hauptformen Pätzl, Petzl, Pötzl hervorheben wollen. Es scheint nun nichts einfacher, als Pätzl zu Pazilo, Petzl zu Pezilo und Pötzl zu Pozilo zu stellen, allein, da Pätzl auch Petzl, Petzl auch Pötzl, Pötzl aber auch Petzl und Petzl wieder Pätzl geschrieben werden kann, so ist jene Zusammenstellung doch sehr unsicher und die Inhaber solcher Namen werden über deren Abstammung wohl nie zu voller Gewissheit durchdringen.

Indessen bleibt hier doch nichts übrig, als die neueren Formen zu jenen alten zu stellen, denen sie scheinbar am nächsten liegen und so nehmen wir denn Ettel, Etl, Ett zu Attilo, Öttel, Ött zu Ottilo, obgleich alle diese Namen höchst wahrscheinlich zusammen und zwar zu Ottilo gehören. Nebenbei bemerkt ist auch Öttel ein hauptsächlich bajuvarischer Name und im Schwabenlande fast unbekannt.

Uebrigens betheiligen sich an der Unart, e und ö zu verwechseln, doch alle oberdeutschen Völker, vielleicht nur in minderem Grade als die Bajuvaren. Auch in fränkischen und rheinischen Landen finden wir Namen wie z. B. Göhrig, Göring, Göhrisch, Göhrs, Görtz, welche, als von Gero stammend, richtiger Gerig, Gering, Gerisch, Gers, Gerz zu schreiben wären.

Es könnte überhaupt die Frage aufgeworfen werden, ob es nicht erlaubt wäre, ein Buch über Familiennamen zu schreiben, ohne auf diese die geringste Rücksicht zu nehmen.

Man würde, so paradox es klingt, diese Frage mit gutem Fug bejahen können. Der Verfasser hätte nämlich seine Beispiele in etlichen reichlich entfalteten Stämmen, wie etwa Rudo, aufzustellen, die Regeln daraus abzuleiten und dann zu sagen: Nach diesen Gesetzen müssen aus diesen und jenen altdeutschen Namen folgende neudeutsche Formen in dieser regelrechten Schreibart hervorgehen. Ob sie wirklich vorhanden sind und wie sie da oder dort geschrieben werden, wäre ganz gleichgiltig. Jedenfalls wäre es dann Sache des verehrlichen Inhabers, seinen werthen Namen in dessen oft so willkürlicher Gestalt am richtigen Orte selber unterzubringen. Denn gerade die Einordnung der neuern Formen ist der undankbarste Theil der Aufgabe. Einerseits ist es in vielen Fällen sehr zweifelhaft, unter welchen alten Stamm sie gebracht werden dürfen, anderseits bleibt dem Ordner gar oft nur die bange Wahl zwischen einer Vielheit von Schreibungen, die in der Aussprache ganz gleich lauten, wie Apel, Appel, Appell oder Bösl, Bösel, Pösl, Pösel und die er des Raumes halber doch nicht alle aufführen kann, obgleich sie alle gleichen Anspruch auf Erwähnung haben.

In diesem Nachtrage ist übrigens die Behandlung der Namen etwas anders eingerichtet, als in den vorhergehenden Abschnitten. Dort hiess es nämlich z. B. aus Gothart wird Götz, hier dagegen sagen wir, aus dem Stamme Goto gehen diese und jene Namen und unter anderen auch Götz hervor. Diese Art und Weise ist insoferne richtiger, als Götz eben so gut aus Gotbalt, Gotbert, Gotfrid, Gotmar, Gotschalk, Gotolf entstehen konnte, als aus Gothart, denn der zweite weggeworfene Stamm ist ja, wie wir schon oben gesagt, nicht mehr zu errathen.

Diesem Nachtrag fehlt es auch nicht an Monotonie und der damit verbundenen Langweile. Da aber einmal deutsche Familiennamen erklärt werden sollen, so schien es nicht gerathen, so viele hunderte, die noch der Deutung harren, nur desswegen zu übergehen, weil ihre Aufstellung sich etwas reizlos und trocken gestalten muss. Der Verfasser sieht wohl voraus, dass er in diesem Abschnitt einen guten Theil seiner bisherigen Begleitung verlieren und dass ihm nur jene Leser folgen werden, welche zu den engern und innigern Freunden der Onomatologie gehören.

Auch dieser Nachtrag will übrigens keine Vollständigkeit anstreben, den altdeutschen Formenschatz keineswegs erschöpfen. Es ist allerdings auffallend, wie viele ganz vereinzelte und verödete altdeutsche Namen sich in neudeutschen wieder finden; allein wenn ihre Bedeutung nicht zu errathen und daher gar nichts über sie zu sagen ist, so scheint es unnöthig, sie dem Leser vorzuführen. Oder was hilft es z. B. anzugeben: Samo ist unser heutiges Sahm, Snuppo unser heutiges Schnupp, Spranco, Sprankilo unser heutiges Sprengel, Spreng, da wir doch weder wissen, was Samo, noch was Snuppo, noch was Spranco bedeutet?

So findet sich auch zu Quitzmann ein vereinzeltes

Quito, aus welchem regelmässig ein Quizzo abgeleitet
werden kann. Förstemann, S. 988, erklärt es aus
ahd. quedan, reden.

Die Fruchtbarkeit der altdeutschen Stämme, wie sie
sich in ihren neudeutschen Abkömmlingen zeigt, ist ungemein verschieden. Die dürftigsten von allen sind die
Stämme in —mo, wie z. B. Grimo, das nur etwa Grimm,
Grimmel, Greimel und Krembs, Grimmeisen = Grimiso
hinterlassen hat, denn ein Grimsch, Grimst, Grimstel
ist aus euphonischen Gründen kaum zu erwarten. Nicht
viel besser daran ist z. B. Hildo, das eben auch nicht
über Hild, Hiltl, Hilz, Hilzel hinauskömmt Dann folgt
ungefähr Volco, welches unter Gunst des Umlauts neben
Volk, Volkel, Volz, Volzel doch auch ein Völkel, Völk,
Völzel, Völz aufzustellen hat. Noch besser entfalten sich
Hado, Rato, da neben a auch ä, e, neben z auch ss, und
dann statt dessen s, sch, st eintreten können. Die Stämme
dieser Art brauchen wir aber im Nachtrag nicht mehr
vorzuführen, da ihre Ableitungen schon in dem Vorausgehenden so ziemlich erschöpft sind. Ungleich reichlicher sind aus naheliegenden Gründen die Namen in
—odo, —oto vertreten, ja die Ableitungen von Boto und
Goto wären, wenn man alle die verschiedenen Schreibungen der jetzigen Namen vorführen wollte oder könnte,
geradezu unübersehbar und unzählbar, wie der Sand am
Meer.

Ado, Odo, Udo, Adalo, Odalo, Udalo hängen
mit ahd. Ot, Adal, Uodal zusammen, was Grundbesitz,
Reichthum, Adel und Vaterland bedeutet.

Ado, Atto, Otto, Utto sind im früheren Mittelalter

sehr gebräuchliche Formen. Ado hat sich als Adt, Ade erhalten, Ott kommt zumal in Altbayern sehr oft vor, Utto ist das niederdeutsche Uhde, oberdeutsch zeigt es sich nur als Auth.

Von Adilo, Attilo, Edilo stammt unser Edel, Ettel, Etl, Ett, Edt, von Ottilo unser Oettl. Ein Üttel scheint sich nicht zu finden, wohl aber zeigt sich ein Jettel. Jodel (M.) scheint ein altes Uodalo zu vertreten.

Von Adilo auch Ahl, Aal, von Udilo Uhl, Aul, Uhle, Jehle, Jöhle, Jhle, Jlle, von Uadilo Jall und Jell (s. S. 49).

Von Allico Allich und Elgg, von Ullico Ulich, Illig und Ilg, von Ulizo Ulsch und Ultsch.

Von Azzo, Azzico, Azzilo Atz, Essig, Asch, Atzl, Etzel (auch Ezzelino, der berühmte Tyrann und Menschenfeind), Essel, Ess, Ast; von Ozo Osl (Tirol), was aber auch eine Verkürzung von Oswald sein kann, und Ost, von Uzzo Utz, Ütz und Autsch.

Zusammensetzungen: Adlgos, der Adelgothe; Adelher = Adler; Adelmar = Almer; Odalher = Ohler, Oehler, Oeller; Udalrich = Ulrich; Udalland = Uhland; Udalmar = Ulmer.

Von Adelbert Abo, Appo, woraus Abb, Aab, App, Abel, (der also nicht nothwendig als Kains biblischer Bruder gedacht werden muss), Appel; von Udalbert Ubo, woraus Aub, Aubel, Übel, Ibl. Von Abico Abegg und Ewig, von Ubico Iwig.

Aus der Stelle: Adelberga quae cognominabatur Ava (Förstemann S. 189) ersieht man übrigens, dass Aba zu Ava erweicht wurde, und sonach ist wohl auch Avo = Adalbert, Davo = Dagobert, Evo = Eberhard, Hevo = Hegibert, Mavo = Madal-

bert, **Mivo** = **Mutbert**, **Nivo** = **Nitbert**, **Ovo** = **Otbert**, **Sivo**
= **Sigbert** u. s. w.

Ob wohl ein jeder Adam seinen Namen aus dem
Paradiese ableiten darf? Sehr möglich, dass er mitunter
eine Abkürzung aus Adelmar, Ademar ist; auf letzteres
weist auch Adamer (N.).

Der bayerische Herzog Adelger, der einst in mythi-
schen Zeiten die Römer bei Brixen besiegte, ist wenigstens in seinem Namen nicht ganz verschollen. Letzerer
lautet jetzt Alger und bekleidet zur Zeit einen Fabrik-
arbeiter in Augsburg.

Authari, der König von Lamparten, der einst, von Bodenstedt und andern Dichtern besungen, in Regensburg die
schöne Theodolinde freite, ist also Held des Reichthums;
der Name kommt jetzt noch als Otter vor.

Ago, Agilo, Agino, Ego, Egilo, Egino, einst
sehr reich vertretene Stämme aus einer Wurzel, welche
Schrecken bedeutet. **Ego** ist der Taufname **Egon**, der
noch in mehreren Fürstenhäusern üblich, vielleicht als
Vertreter eines alten Agilulf, und findet sich als Familienname wieder in **Ege, Ehe. Ecco = Eck; Acho = Ach**
(St.); **Egilo = Egel, Eigel, Eichel**; auch **Ell** (K.) ist
wohl dasselbe. **Ekilo = Eckel; Egino = Eigen, Aign,
Egen, Eggen.** Die ältere Form Agino wurde ahd. zu
Anno (der heilige Anno, Erzbischof von Köln, † 1075,
der im Annolied gefeiert wird), jetzt **Ahn** und im Dim.
Endl. Aus Annizo ist **Anns, Angst,** aus Annico **Enk** ge-
worden, wozu auch **Ankele** und **Ankelein** gehören. Aus

Eginzo wurde Egenz (St.), Enz, was im Diminutiv Enslin oder Einsele lautet; aus Egilizo Eilles.

Agilolf, der Urahn des ersten bayerischen Herzogsgeschlechts, jetzt Egloff, Agiwald jetzt Egold. Egilheri = Eiler; Aginker = Anker; Aginheri = Eigenherr, Aigner, Eigner, Ehner; Egimar = Eimer; Egiman = Ehmann, Ehm; Egifrid = Eiffert; Egilmar = Elmer; Egirich = Eyrich; Egiwig = Eiweck; Agilhard = Eichelhard; im neunten Jahrhundert ein Bischof von Nismes, jetzt eine Regenschirmmacherin in München (ital. Agliardi). Eylert ist derselbe Name. Der alte Eginhard, Einhard, Kaiser Karl's Biograph und vermeintlicher Schwiegersohn, scheint keinen Namensvetter mehr zu haben.

Ankenbrand (W.) = Brando (Brandolf oder Liutprand), S. des Anko = Annico. — Anno ist neuerlich als Arnhard erklärt worden, was allerdings die Analogie Benno = Bernhard für sich hätte, allein da Hanno, Manno, Ranno, Tanno = Hagano, Magano, Ragano, Tagano, so ist wohl auch Anno sicherer zu Agino zu stellen. — Einstein = Tegino, S. des Eginzo.

Bado, Pato von badu, patu = Schlacht, Kampf, was schon im Althochdeutschen ausgestorben, nur noch unverstanden in Namen fortlebte, wie Patumar, Paturich u. s. w. (Von Paso = Pazo Pasing bei München.) Von Bado u. s. w.: Batt, Bettel, Pättel, Patz, Pätzel, Bätz; Bass, Baas, Basl, Bäsel; Pasch; Patsch; Basset, Passet, Bast, Bastl.

Die Ableitungen von Bado scheinen weniger zahlreich als sie wohl wirklich sind, weil wir Petz, Petzel

—

u. s. w., welche auch hieher gehören können, zu Pezo
(Bero) stellen. Hado und Rato, welchen kein Hedo und
Reto zur Seite geht, zeigen daher ungleich mehr Formen,
da sie auch alle mit dem Vokal e sich zurechnen dürfen,
also z. B. auch Hetz, Hetzel, Hess, Hees, Hesel, Hesch
oder Retz, Retzel, Ress, Rees, Resel, Resch, Rest u. s. w.

Ein alter, schon im achten Jahrhundert aussterben-
der Stamm ist **baud**, welches Grimm zu **badu** stellt.
Die Zusammensetzung Baudegisil kommt mehrfach vor
und könnte jetzt Baudgistl lauten. Wir führen sie nur
an, weil sie den in Stuttgart zwanzigfach vorhandenen
Namen Baudistel zu erklären scheint. Als willkommene
Bestätigung nehmen wir das in Darmstadt vorkommende
Daudistel hin, welches ebenso aus Thiudegisel (im sechsten Jahrhundert ein Westgothenkönig) entsprungen sein
wird. Daudistel also für Daudgistel wie Baudistel für
Baudgistel.

Beffert = Badufrid, wie **Biffart** = Botfrid (s. S. 53).
Badum, in Bamberg zahlreich, von Badumar wie Adam
von Ademar. So auch Hodum von Hadumar.

Badubert = Babo, Baab, Babel.

Barto. Förstemann schlägt bardus (poeta), barta
(Axt), bart (Bart) zur Erklärung vor. Beraht, braht
ist aber wenigstens als zweites Glied nicht selten in
—bart übergegangen (Gumbart = Gundberaht, Her-
bart, Membarth = Meginberaht, Rennbart = Regin-
beraht, Rothbart (was nicht immer Barba rossa sein muss)
= Rodberaht, und so ist also wohl auch Barthold für
Berthold anzunehmen. Zahlreich ist der Name Barth

(in M. 30 Mal); davon Bartel, Barz, Porzel, Barsch, Bartsch.

Von perht, praht, preht, pert stammen Precht, Percht (wohl auch Pecht, wie Bechtold, = Berchtold und wie auch mhd. schon Bechte, Bechtung für Berchte, Berchtung), Pracht, Prechtel, Bertl, Pradl, Predl.

Ferner wurden aus praht und preht auch Koseformen der zweiten Art gebildet und zwar aus ersterem Prass, Prässl, Brasch, Praschel, Bratsch; aus letzterem Pretz, Pretsch, Bresel, Pressl, Prest, Prestel.

Raufenbarth (W.) = Barto, S. des Rufo; wenn es nicht ein imperativischer Name ist = Rauf den Bart!

Auch der Name der bayerischen Freiherrn von Hafenbrädl kann leichtlich in die Ritterzeiten zurückgeführt werden. Warum soll er nicht Bratilo, S. des Hafo sein?

Bero, Gen. berin, Bär. Davon, d. h. als Abkürzung von Bernhard u. s. w, der Name Bär in den mannigfaltigsten Schreibarten wie Bär, Bähr, Beer, Behr, Pähr, Peer, Böhr u. s. w., auch, damit der Dehnung die Schärfung nicht fehle: Berr und Perr. Von Berilo dann Berl, Perl, Bierl. Neben Bär findet sich auch Bier (F.), Bir (M.) und Bühr (M.), wie neben Gehr auch Girr, Gihr, Giehr, Gürr, neben Wehr auch Wühr; und dann Bürstel (was aber auch von Burkhard kommen mag) wie Girstel und Würstel. (So wird auch Nirk (St.) = Nerk = Nörk und von Nortger abzuleiten sein.) Als Bier spielt es in einige Namen hinein, wo gewiss nicht an das Nationalgetränk zu denken ist, wie Biermann, Biermayer, Bierlinger u. s. w. Bierdimpfl (in Stuttgart Bierdämpfel) ist der Dümpfel (ahd. tumphilo, lat. gurges, tiefe Stelle im Flusse, Gumpe, siehe Schm. I. 373), wohin die Bären sich zu baden kamen, kann aber eben so gut Dingfrid, Sohn des Bero, sein.

Bei manchen Ortsnamen wie Biermoos, Bierdorf, Bierwang mag allerdings auch an Birnmoos, Birkmoos u. s. w. gedacht werden.

Berichilo, die Verkleinerung von Berico, Bierig, ist wohl in unser Bieregel (M.) übergegangen und möchte dieses —ichilo vielleicht noch andre —egel und —igel zu erklären im Stande sein, wie z. B. Beisiegl = Pisichilo von Poto, Harigel = Harichilo von Haro, Kunigel = Kunichilo von Kuno, Reisigl = Risichilo von .Rizzo u. s. w. Mundigl dagegen und Feldigl sind Namen, die von tirolischen Orten ausgehen, nämlich von Muntigl, monticulo, bei Kaltern und von Valltigl, val de tegula, am Brenner. Moriggl (s. S. 36) mag auch Marichilo sein.

Ferner: Berz, Bersch, Bertsch, Perzel, Berstel; Benz, Benss, Benzel, Bensel, Pemsel; dann die Ableitungen von Pezo, Pezilo (s. S. 46): Petz, Peez, Petzl, Bess, Bees, Bessel, Pessl, Besel, Besch, Peschel, Petsch, Best, Bestel.

Bero kommt auch nicht selten (71mal nach Förstemann) als zweiter Namenstheil vor, musste aber an dieser Stelle nach Analogie von —mar und —heri in ein tonloses — ber übergehen. In folgenden Namen ist uns wahrscheinlich ein solches —bero erhalten, obgleich einige derselben auch anders erklärt werden können.

Adalbero = Alber.

Degenpero = Demper.

Egibero = Elber, Eiberle. Egipero = Eiper, Eypper.

Gerbero = Gerber.

Gundpero = Gumper, Gümperlein, Gimberlein.

Gutbero = Guber.

Hadbero = Haber, Häberlin, Heberlein, Hebberling.

Heribero = Herber.

Hildbero = Hilber.

Hugibero = Hauber.

Kerbero = Kerber, Körber.   Kerpero = Körper.

Kotbero = Kober, Köberlin.

Kutpero = Kupper, Küpper.

Liutbero = Lieber, Leiber, Leber.

Nitbero = Neuber.

Notbero = Nuber, Nöberl. Notpero = Nopper.

Regibero = Reber.

Richbero = Reiber.

Rudbero = Ruber, Rauber.

Sigibero = Sieber.

Sindpero = Simper, Semper.

Thiudbero = Tauber, Deuber, Teuber.

Wigpero = Wipper.

Auch Gutbier ist wohl nichts andres als Gutbero und Dambör wird Taganbero sein.

Für Momber, welches sonst von Maganbero zu leiten wäre, gibt Grimm die Erklärung munt-bor, advocatus, soviel als schutzbringend.

Könnte aber nicht bei einzelnen dieser Namen ein schliessendes t abgefallen sein und also z. B. Alber, Demper, Eiber für Albert, Dempert, Eibert stehen? In Kupfer, Kiefer, Laufer, Liefer, Raufer, Seiffer scheint dieser Fall allerdings eingetreten, da sie wohl von Kutfrid, Liutfrid, Rudfrid, Sigfrid abstammen? (Freilich könnten sie

auch nach den Beispielen auf Seite 70 betrachtet werden.)
Lieber, Leiber, Leber mögen (s. S. 16) ebenso gut von
Liubheri ausgehen, als von Liutbero. Ob unser bayerisches Leeb ein mhd. lewe, lew = Löwe oder mit Lieb,
Laub, Leib, Lob ein Liubo vertritt, bleibt zweifelhaft.

Haberkorn = Karo, S. des Hadbero. Kiefhaber,
Ruckhaber = Hadbero, S. des Kutfrid, des Ruggo.
Koberstein, Koberwein = Tegino, Wino, S. des Kotbero.
Niebergall (D.) = Gagilo, S. des Nitbero.

Bluto. Förstemann führt nur zwei Namen auf,
die mit Blut anlauten, Blutgard und Blutrat, stellt sie
aber zu blid, heiter. Es finden sich jedoch so viele
neuere Bildungen, die jenen Stamm voraussetzen, dass
man ein Bluoto, Bluto, Bloto von bluot, Blut, oder
bluot, Blüthe, ganz gewiss auch in die altdeutsche Zeit
verlegen darf. Davon dann Blutt, Plaut, Blott, Plödl,
Blotz, Plötz, Bloss, Bloos, Blöss, Pless, Plössl, Blösch,
Blesch, Blöst, Blust.

Blutmar = Blummer, Blum, Blaum, Blümmel, Blümm;
Blotheri, jetzt im Dim. Plöderl; Blotker = Block, Bloch,
Bluck, Blöckl, Blöck. Blotfrid = Bluff. Bluthardt und
Blutharsch (St.), letzteres wohl für Bluthard's, wie Burgartz für Burghard's. Heidenblut = Bluto, S. des Hegideo.

Dr. Stark deckt in seinen „Beiträgen zur Kunde germanischer Personennamen" auch einen Stamm blat, plat
auf, den er aus ags. blaed, gloria, erklärt. Von diesem
wäre Platt, Blädel, Platz, Blass, Blatsch abzuleiten. Auch
die oben angeführten Namen, die mit Ble, Ple anlauten,
können hieher gezogen werden.

Ein seltsamer Name ist Plabst (M.), Plebst (St.), Plöbst (Pfarrer bei Freising). Um ihn aufzuhellen, muss man ein ahd. Blawo (Förstemann S. 266), blau (auch jetzt noch als Familienname Blab, Plab, Blob), voraussetzen. Daraus Blawizo, Blawiso, später Blawes, Blewes, welches — nach Analogie von Babes == Pabst, Obes == Obst, — Plabst, Plebst, Plöbst werden konnte. Obst als Name ist übrigens == Obizo == Otbert.

Boto (vergl. S. 48) ist unser Bote, mag aber einst auch jenen bezeichnet haben, der zu gebieten hat, also einen Herrn und Gebieter. Es zeigen sich zahlreiche Ableitungen, welche ganz und gar denen von Rudolf (S. 46) folgen. Ahd. Bodo, Boto, Buto, Poto, Puto, Bozo, Boso, Bozilo, Bosico, Bositto u. s. w. Davon Bott, Both, Pott, Potel, Böttel; Booz, Potz, Pötzel, Pötz; Poss, Boos, Pössl, Pösel, Böss; Bosch, Posch, Pöschel, Bösch; Botsch, Pötzsch; Post, Boost, Bostel, Postl; Büttel, Büdel, Bittel, Beutel; Butz, Putz, Bautz, Bitzel, Bitz, Peitz, Beuz; Buss (in Nürnberg noch ein alterthümliches Busso), Buhs, Pusel, Pussl, Busel, Büssel, Bissel, Biesl, Piesl, Biss, Piest, Puhst; Baus, Pausel, Peissl, Beisele, der aus den Fliegenden Blättern bekannt ist (sein Reisegefährte Eisele müsste eigentlich auf Isengrim oder Eisenhart zurückgeleitet werden), Beiss; Busch, Büschel, Pischel; Pausch, Beisch, Beuschel, Beischel, Beitsch; Putsch, Pietsch; Baist, Baischt und vielleicht auch Beust.

Puterich = Püttrich, ein altes adeliges Geschlecht zu München. Putker = Baucker, Paucker, Pücker; Butheri = Buder, Puder, Bauder, Pütter, Büder. Risch-

bieter = Butheri, S. des Rizzo. **Kornbausch** = Buso,
S. des Karo.

Butterweck, Bouterwek (der bekannte Literarhisto-
riker) ist wahrscheinlich nicht aus Butter und Wecken
zu erklären, sondern als Botowig oder als Wigo, S. des
Botheri. (Vgl. Dotterweich unter Thiudo.) **Niepoth** und
Nephut (D.) sind wohl ein und dasselbe und gehen auf
Nitpoto zurück. **Lippott** (M.) = Liutboto. **Engelboth**
= Angilboto.

Poppo, ehemals und jetzt als Bopp, Popp sehr häufig,
müsste nach der Regel eigentlich Potpert sein, allein
dieser Name kommt ahd. nicht vor (wohl aber jetzt als
Puppert, Pippert) und es ist zweifelhaft, ob man
ihn voraussetzen darf. Dieses Poppo ist schon vielfach
angeforscht worden. (S. Stark, Koseformen S. 34.)
Wenn aber Babo Badubert ist, so kann Poppo doch nichts
anderes sein als Potpert.

Hieher gehören auch, wenn nämlich, wie oben angenommen, Pollo = Potilo ist, viele Namen in l, ll, hl,
wie Boll, Bohl, Pohl, Buhl, Paul, Bühl, Pühl, Biel, Pöll
u. s. w. Auch Bolz, Bülz, Piels, Pölsl, Pilsl, die aber
eben so gut zu Polt = Liutpolt gestellt werden können.

Bothling, Bolling, Bulling, Beutling, Billing =
Potalunc, ein Name, der schon im achten Jahrhundert
im bayerischen Geschlecht der Maxelrainer glänzt.

Ahd. **brogo, proko,** Schrecken, und **brort, prort,
brod,** Lanzenspitze, Pfeil, zwei Stämme, auf welche
Dr. Stark in seinen „Beiträgen" besonders aufmerksam
macht. Der erste hat es übrigens schon im Alterthume

nicht weiter gebracht, als bis zu der jetzt noch vorkommenden Zusammensetzung Brockhard, der zweite ist uns durch den ags. Namen Willibrord bekannt.

Von ersterem: **Brock, Bruck, Bruch, Progel, Bröckel, Prögel, Pregel, Brög, Brückl, Briechle, Prügel, Brigel, Brück, Brauch, Brauchle**; von letzterem: **Brod, Brödl**; möglicher Weise von beiden: **Bröll, Brüll, Breul; Pröls.**

Mundbrod bedeutet also nicht eine feinere Semmel, sondern Schutzpfeil; **Warmbrod** aber ist Warinbrod = Wehrpfeil.

Da Brogo und Brodo durch den Ansatz zo gleichmässig zu Brozo werden, so sind die weiteren Ableitungen nicht mehr auszuscheiden. Sie lauten etwa: **Protz, Protzel, Brötz, Prutz, Pross, Prössl, Pröss, Prosch,** der berühmte Zillerthaler und Hoftiroler, **Pröschel, Prausch, Preuschel, Preusch, Breisch, Pritzel, Britsch, Brissel, Preis, Preisel, Brust, Prost.**

Brox, Brugsch geht auf Brodgis oder Brokiso zurück. **Broderix** ist eine genitivische Form von Broderich. **Brodmar** oder **Brogmar** = **Brommer, Brummer. Brugwig** = **Brüchweh** (D.). **Bruogliub** = **Briegleb. Brofft, Proff,** eine Koseform der dritten Art von Brodfrid oder Brogfrid. **Brodruck** nnd **Ruggenbrod** erklären sich gegenseitig: Ruggo, S. des Brodo, Brodo, S. des Ruggo; **Eigenbrod** = Brodo, S des Egino; **Brotengeier** (N.), **Bruckeier, Bruggeier** (M.) = Gero, S. des Broto. **Weissenbruch** = Brogo, S. des Wizzo. **Kornbrust** = Bruzzo, S. des Karo. **Drittenpreis** (Oberbayern), Priso, S. des Truto — doch wohl nicht imperativisch und particularistisch: Tritt den Preuss'! **Preussendanz** (Catharina, Wirthschaftspächterin im Jägerhause auf dem Hasenberg bei

Stuttgart) = Danzo, S. des Priso — oder, demotisch erklärt, von einem Orte, wo die Preussen gerne tanzen oder getanzt haben? Kaum annehmbar.

Bruno, von **brun,** braun, oder **brunja,** Brünne, Panzer. Sehr häufig als **Braun,** welches aber auch in der zweiten Klasse einen ehrenwerthen Platz einnimmt. Dazu **Brindl, Bräundl. Brunz** (ahd. Pronzo) und **Brünzel** sind wohl als cacophon immer fern gehalten worden; doch findet sich **Bruntsch** (St.), **Brinz, Prinz, Prienz** und **Prinzel.**

Deo, Diener, oben (S. 62, 63) zur Erklärung von Seidel und Söltl verwendet, einst als zweiter Stamm nicht unbeliebt — 72 Formen verzeichnet **Förstemann** — scheint noch aus manchen neueren Namen herauszuschimmern. Wir glauben übrigens wahrzunehmen, dass es schon im Althochdeutschen in ein unverständliches do, to übergegangen und versuchen folgende Zusammenstellungen, die wir aber mit Vorsicht aufzunehmen bitten, nämlich: Egideo = Eido = **Eydt, Eit;** Hagandeo = Hando = **Hand;** Hagideo = Haido = **Haid, Heid;** Herideo = Herdo = **Herd, Heerdt;** Hugideo = Huto = **Hut, Hauth;** Kagandeo = Kanto = **Kant,** der Weltweise von Königsberg; Magandeo = Mando = **Mand;** Saladeo = Salado = **Salat,** ehemals Professor zu Landshut, **Sallet;** Sigideo = Sido = **Seid;** Tagandeo = Tanto = **Dant.** Davon dann wieder Diminutiva, wie **Eitel, Handl,**

was aber auch von Hagano kommen mag, Heidl, Kandl, Mantel, Seidel, Söltl, Dandl.

Von Heido Heydolph, Heideloff.

Gabo, ein unerheblicher, in den Urkunden sehr seltener Name, der nur aufgeführt wird, um den auf Seite 13 vorkommenden Formen einige Erklärung zu gewähren. Er kommt wie Gebo von geben, aber zu Zusammensetzungen wurde nur geb— verwendet. (Gebhard, Gebold, Gebolf, Gebrat, Gebwin). Zu ersterem also: Gaab, Gapp, Gabel, Gappel, Gäbelein (in München auch Gabelino, ein alter Lombarde?), Gabes und Kapp, Kappel, Kappes, Kappis, Kappus.

Die zahlreichen neuern Namen, die mit gl, kl, gn, kn, gr, kr anlauten, sind im Althochdeutschen fast ohne alle Vertretung. Wir erkennen aber gleichwohl aus den jetzigen Formen drei alte Stämme, die sich sehr reich entwickelt haben, nämlich Kloto, Knoto, Kroto. Wenn wir eine Anknüpfung suchen, so finden wir diese allerdings nur in fernen Landen und in einer sehr fernen Zeit, nämlich auf dem linken Ufer des Rheins und in jenen bekannten fränkischen Namen aus den ältesten Tagen, in Namen wie Chlodwig, Chnodomar, Chrodgar. Im Althochdeutschen trat an die Stelle des ch ein h, wie in Hludwig, Hrodger, welches aber bald abfiel. Um so auffallender ist allerdings, dass sich in diesen Namen jenes ch als anlautendes k und g aus den Zeiten der Merovinger bis auf unsere Tage erhalten hat. Sie gehen übrigens ganz und gar wie Boto.

Chlodo, Kloto (ahd. hlut, laut): **Klott, Glauth, Klotz, Klötzel, Klutz, Kloos, Closs, Klöss, Klaus, Klaisel, Klaiss, Gleiss, Kleist, Kleitz, Klötsch, Glutsch.**

Auch wenn wir Zusammensetzungen und Bildungen nach der dritten Art annehmen, scheint mancher sonst unerklärliche Name klar zu werden. So erklärt z. B. Chlodbero: **Klopper, Klöber, Klauber, Klüber, Klob, Klöppel, Kliebel, Klippel, Klübel.**

Chlodfrid: **Klopf, Klöffel, Klüpfel.**

Chlodgar: **Klocker, Glocker, Glücker, Kloch, Glock, Klug, Gluck, Glück.**

Chlodmar: **Klumm, Klimm.**

Chnodo, Knoto (goth. knods, ahd. chnuot, chnot, chnuosal, chnosal Geschlecht), **Knott, Knödel, Knotz, Knötzl, Knötz, Knos, Knosel, Knösel, Knös, Knuth, Knüttel, Knaut, Gnauth, Kneut, Kneitz, Knutz** (hiezu ahd. Chnuz), **Knus, Knaus, Knäusel, Kneissl, Knaisch, Knies, Kniesel, Knust. Knosp** (St.) und **Knispel** (D.) scheinen auf ein ehemaliges Chnuzpert hinzuweisen.

Mutschelknaus (St.) = **Knuso,** S. des Muzzilo.

Chnodbero: **Knopper, Knopp, Knobel, Knöbel, Knaub, Knaupp, Kniep, Knipp, Kniewel, Kneib, Knips.**

Chnodfrid: **Knauff, Knopf, Knöffel.**

Chnodgar, **Knocker** (einen vereinsamten Knocher bietet **Förstemann** aus einer Lorscher Urkunde des neunten Jahrhunderts), **Knock, Knoch, Knochel.**

Chrodo, Kroto (hrod = Ruhm): **Krott, Kraut, Kreidel, Krotz, Grotz, Krötzel, Krötz, Krutz, Kreuz, Kreitz, Kroos, Groos** (hiezu ahd. Chroso, Grozo, Grauso), **Grosch, Gröschl, Grötsch, Kraus, Graus, Gräusel, Kreisel, Kreis, Greis, Gries, Griss, Krisch, Gritsch, Griessel, Grüsel,**

Krüss, Kreuss, Krois, Kruis. Crespel (F.) setzt nach Analogie von Knispel ein altes Crospert voraus.

Chrodbero: Gropper, Kropp, Krupp, Grob, Grub, Grupp, Grübel, Kriebel, Grüb, Grieb, Kripp, Kreippl.

Chrodfrid: Kropf, Kröpf.

Chrodgar: Kruck, Krug, Krück, Kröck, Krick, Krieg, Krügel, Kriegel.

Chrodmar: Grummer, Krumm, Grumm, Krom, Grom, Krummel.

Egglkraut = Kroto, S. des Egilo oder Ekilo (Ekhart). In Karlsruhe lautet der Name Eichelkraut. (Vergl. S. 92 Eichelhard.) Krauthahn = Hagano, S. des Kroto. Krömmelbein (D.), Kremmelbein (M.) = Wino, S. des Chromilo?

Dürfen auch Knollo, Knorro, Krollo aufgestellt und etwa für Chnodilo, Chnodrich, Chrodilo angesehen werden?

Zu ersterem stellt sich Knoll, Knöll, Kniel, Kneule, Knolz, zum zweiten Knorr, Knauer, Kneuer, Knaier, Knier, Knörr, Knortz, Knorsch; (Knorpp (St.) scheint sogar auf ein altes Knorpert zu deuten); Krollo kömmt als Kroll, Gröll, Krell, Graul, Grüll, Grill u. s. w. vor.

Grillparzer — ein Name, über den sich bekanntlich Lord Byron geärgert und der meines Wissens bis heute noch keinen Erklärer gefunden hat. Die Namen in —er sind oben schon besprochen. Grillparz aber erklärt sich, wenn die vorausgehenden Aufstellungen richtig, als des Grillen Parz d. h. Barzo (Barto), Sohn des Chrodilo.

Diese Namen gehören zu den schwierigsten in der ersten Classe. Einerseits scheint es verwegen, sie von unseren heimischen und alltäglichen Wörtern Klotz, Knö-

del, Knüttel, Kropf, Krumm u. s. w. loszureissen und
in die Zeiten Gregor's von Tours hinaufzuführen, anderseits ist aber ersichtlich, dass jene bei weitem nicht
hinreichen, den ganzen Kreis, der doch zusammenhängt,
verlässig zu erklären und dass man jedenfalls über sie
hinausgehen muss.

Goto von got, Gott, Guoto, Guto von guot,
gut, wirren sich schon in alter Zeit durch einander. Der
Ordnung halber werden wir gleichwohl die Ableitungen
getrennt halten.

Dass überall neben g auch k auftritt, erklärt sich
aus dem, was S. 12 gesagt ist, und mögen dabei über-
diess S. 54 und 55 verglichen werden.

Godo, Goto, Gotilo: Goth, Kott, Godel, Göttel,
Gött, Köth.

Gozo, Gozilo: Gotz, Kotz, Götzel, Kötzel, Götz;
Goss, Cossel, Gossel, Kössel, Göss; Goos, Koos, Gösel,
Kösel, Gös; Gosch, Goschel, Gösch; Gost, Kost, Göstel,
Köstlin, Göst; Gotsch, Kotsch, Götschel, Götsch.

Gudo, Guto: Guth, Gietl, Giet; Gaut, Kaut, Geitel,
Keitel, Keidel, Keith, Geith; Kutt, Kittel, Kütt, Kitt.

Guzo, Guzilo: Gutz, Kutsch, Gutsch; Gützel,
Gütz, Kitz, Gietz; Gautz, Kautz, Gautsch, Kautsch, Geizel,
Geiz; Guss, Kuss, Kusel, Gussel, Güss, Güstel, Küst;
Gus, Giesel, Kiesel, Kies, Gies, Gistel, Kist; Guschel,
Gischel; Gauss, Kauss, Geissel, Geiss, Geuss; Gaus, Geisel,
Geis, Kais, Geist.

Hieher ferner, da man Gollo = Gotilo eben so gut
ansetzen darf als Pollo = Potilo, noch allerlei Namen

wie Goll, Göll, Gull, Güll, Giel, Gaul, Koll, Kohl, Kölle, Köhle, Kull, Kühl, Kill, Kiel, Kaul u. s. w. (Vgl. S. 60 und 99.) Endlich Golz, Gols, Kölz, Kölsch — Golling, Gütling.

Hiebei ist aber zu bemerken: der Gothenname kommt althochdeutsch als Gauto, Cauto, Goto, Coto, Gauzo, Gozo, Cauzo, Cozo vor und bildet viele Zusammensetzungen. (Als zweites Glied ist er in Adlgos (M.) erhalten, s. S. 90). Dieser Stamm concurrirt nun ohne Zweifel in allen obigen Formen, soweit sie au oder o führen oder davon ausgehen und Goth, Kaut, Geith, Gotz, Goss u. s. w. können daher auch einen Gothen bedeuten. Ferner ist möglich, dass Geiss, Geissel (für Gäuss, Gäussel) ebenfalls von Gauzo herrühren. Dass unser Kauz als Appellativum jenes Cauzo sei, haben wir oben (S. 67) schon behauptet.

Gozwin = Gosswein; Gotheri, Gautheri = Gotter, Kotter, Kutter, Kuder, Kiderlin, Kautter; Gozraban = Gausrapp; Gaudomar = Gaumer.

Gutberlet = Berold (vgl. Heinleth = Heinold), S. des Guto; Gutbrod = Brodo, S. des Guto; Kuchenbrand = Brando, S. des Kucho = Kutger; Lotterkaus = Kauzo, S. des Lothar; Götzger, Gitschger = Gero, S. des Gozo, Guzo; Kopfsgotter = Gotheri, S. des Cotfrid.

Ferner spielen Giso und Gisal, Kiso und Kisal ebenfalls herein und haben auf alle Formen, in denen sich i und ei zeigt, also auf Gies, Geis, Geisel, Kies, Kiesel, Gistel u. s. w. einen näheren oder wenigstens augenfälligeren Anspruch als Gott, gut und Gaut.

Mitunter steht für Gisel auch Gil, daher Gilbert, Kilbert, Gelbert (auch Gellert?) wohl als Giselbert zu erklären. — Ital. Ghilardi ist deutsch Geiselhard,

Gilmer = Giselmar. Davon dann Gilm, der geniale Tirolerdichter.

Hugo von ahd. hugu, Gedanke, Geist. **Hug, Hugel, Hügel, Hüg, Hickl; Haug, Heugel, Heigel; Hauck, Heickel, Heuck; Hock, Höckel, Höck; Hutz, Hutzel, Hützel, Hitzel** (davon der Ortsname Hitzelsberg und davon der bekannte Familienname Hitzelsberger), **Hütz, Hitz, Hitsch; Hauz, Hautsch, Hautzel, Heitz; Huss, Hussel, Husel, Hüssel, Hiess, Hiss; Haus, Häusel, Heuss, Heiss; Hotz, Hötzel, Hötz; Hoss, Hösel, Hössle, Hösslin, Höss; Hutsch, Heusch, Hosch; Hust, Host.** Die Huoso, Hoso, Huso, eines der vier bayerischen Urgeschlechter, nach welchem später der Hausengau benannt wurde, gehören ebenfalls hieher.

Judo (Förstemann denkt an die Jüten oder Juthungen; warum nicht an die Juden?), bemerkenswerth, weil es als Mannsname einen andern Lautgang genommen, denn als Volksname (vergl. unten Scuzzo).

Judo: **Jud, Jaud, Jaith, Jodel, Joos, Jösel, Jaus, Jais, Joas, Jost, Jossl, Jöst.** (Joos und Jost gelten freilich auch für Jodocus und Jodel haben wir oben auch zu Uodalo gestellt). **Judger = Jucker, Jucho, Juch, Jauck, Joch, Jock** (ahd. Joco), **Jockel, Jöckel, Jugel, Jügel, Jegel; Jokiso = Jox** (W.), **Jokisch** (N.), **Jöckisch** (M.). **Judpert = Jaup** (ahd. Joppo).

Es ist in der That kein Grund gegeben, warum Judo nicht als Jude genommen werden sollte. Namentlich Judger, Judenspiess, konnte ja nach den Begriffen der damaligen Zeit als ein wahrer Ehrenname für einen guten Christenhelden gelten.

Judmann = Jaumann. Judheri = Jotter, Jeutter, vielleicht auch Jauer?

Kuno von kuoni, kühn. Kuhn, Kundl, Künell (auch Kienöhl), Kündl, Kiendl, Kühn; Kaun, Kaindl, Kein; Kunz, Künzel, Kinsele, Künz; Kaunz, Kainzel, Kainz, was sich aber auch aus Kagano ableiten lässt. Kohn, Köhnlein, Konz u. s. w.

Magano, Ragano von magan, ragan, Macht, Gewalt, gehen in den Ableitungen denselben Weg.

Erstlich ziehen sie sich zusammen in Manno und Ranno, wovon Mann, Mahn, Mohn, Rann, Rahn, Rohn. Davon wieder Mannilo, Rannilo = Mandl, Mendl, Randl, Rendl und abgekürzt Mend, Menth und Rand. Ferner Manico, Ranico = Mehnig, Rehnich; dann Mannes, Rannes.

Aus den späteren Formen Megin, Regin wurde Mein, Rein, vor Labialen auch Mem, Rem, wie in Membart, Rembold.

Aus Maganzo, Raganzo — Manz und Ranz, aus Meginzo, Reginzo — Mainz und Reinz, Reinsch, zuletzt Menz, Menzel (s. S. 42) und Renz, Renzel. Meinilo, Reinilo = Meinel, Meindl, Reinel, Reindl, auch in der Schreibung Reinöhl. Reinico = Reinig, Rheineck.

Diese zweisilbigen Stämme erleiden aber auch einen Abfall der zweiten Silbe (s. S. 37), wornach dann der auslautende Consonant verdoppelt und verschoben werden kann. So entstehen also Mago, Macco, Macho = **Maag**, **Mack**, **Mach.** Ebenso Rago, Racco, Racho = **Ragg**, **Rach.** Davon wieder Magilo, Makilo, Machilo = **Megele** — der Geschlechtsname des berühmten Kanzelredners Abraham a Santa Clara aus Schwaben — **Meckl**, **Machel**, **Mechel** und Ragilo, Rakilo, Rachilo = **Regel**, **Reckel**, **Rachel.** Endlich davon wieder **Meeg**, **Meck**, **Mech**, **Reeg**, **Reck**, **Rech.** (Rack, Rackel, Reckel, Reck mögen aber auch von Ratger kommen (s. S. 57). Aus Magilo, Ragilo aber auch **Mall**, **Rall**, **Rahl.**

Mago, **Rago** erweichte sich aber auch zu Maio (s. S. 42), Raio und daraus May, Reyh. Diese wieder verkleinert ergeben Mailo und Railo = **Meil**, **Reill**, **Mehl** und **Rell**, welche aber auch unmittelbar aus Regilo, Megilo entstehen konnten.

Wenn an diese verkürzten Stämme izo antrat, so entstand Magizo, Ragizo, Regizo = **Mages**, **Reges**, **Regus** und ferner Maizo, Raizo, Mazo, Razo, Mezo, Rezo. Doch ist hier die Zutheilung der neueren Namen sehr bedenklich. **Matz**, **Metz**, **Mass**, **Mäss**, **Meess**, **Massel**, **Mesch**, **Mast** mögen nämlich ebensogut zu Machtolf oder Madalfrid gehören, als **Mais**, **Maisch**, **Maischel** zu Muto. **Ratz**, **Retz**, **Rassel**, **Ressel** können wir nicht von Rato trennen und **Reiz**, **Reis**, **Reischel** nicht von Rizzo (oder Ruzzo). Nach Analogie von Mazo = Mago müsste man auch Hazo (**Hass**, **Hassel** u. s. w.) zu Hago stellen, während es doch viel sicherer von Hado abzuleiten ist.

Mebert, **Mebold**, **Meffert** = Megibert, Megibold, Megifrid; **Menold** = Meinold. **Magold** = Magoald, Magwalt, wie Egold = Egwalt. **Mappes** = Mappizo = Mappo = Magipert. **Magersupp**, bei Vilmar S. 49 zu lesen, was ihm natürlich „magre Suppe" scheint, ist Suppo (s. S. 65), S. des Mago. **Mehlbeer, Mehltretter** = Bero, Truhtheri, S. des Megilo. So auch **Rosentreter** = Truht- heri, S. des Rozo. **Rellstab** = Tabo (Tagobert), S. des Regilo und so wohl auch Bodenstab, Bungenstab, Wahl- stab = Tabo, S. des Bodo, des Bungo (s. S. 60), des Walo (von walah, wälsch).

Ungefähr in derselben Weise entwickeln sich **Ha- gano** und **Kagano**. Ob hagan Dorn oder Stier be- deuten solle, ist zweifelhaft. Kagan, gagan, gegin ist unsere heutige Präposition gegen.

Nach Mein = Megin geht Hein = Hegin, wovon **Heinel, Heindl, Heinlein.**

Ein Hanz (ahd. Hanzo) = Haganzo würde wohl Hans geworden und also von Johannes nicht zu sondern sein. (Doch bietet Frankfurt ein alterthümliches Hanso.) Dagegen findet sich Handsch (M.) Von Heginzo: **Heinz, Henz, Henzel, Henss.**

Nach Manno bildet sich Hanno und daraus **Hann, Hahn, Honn, Hohn.** Davon **Handl, Hänel, Hendl, Hän- lein, Hönlein, Henle.** Von Hanno wieder Hannico = **Hanich, Hennich, Hönig, Höng. Hannizo = Hannes.**

Durch Abfall der zweiten Silbe entsteht Hago, Hacco, Hacho = **Haag, Hack, Hach.** Ferner **Hagel, Hegel, Hackl, Heckel, Hachel, Hechel** und auch wieder **Hall, Hahl, Hell, Heel, Hehl.** (Hack, Heckel, Heck lassen sich aber auch von Hadker ableiten [s. S. 54].)

Aus Hechl ist durch Einschub eines euphonischen t, wie bei Dichtl, Lichtl (s. S. 59), Hechtl, und aus diesem nach Abfall des l wieder Hecht geworden. Von einem Hachilo geht der Name Hachilinga aus, den eines der vier bayerischen Urgeschlechter führte und wären daher die Hachel, Hechel, Hechtl am ersten berechtigt, jenen Namen an den Anfang ihres Stammbaumes zu stellen.

Ebenso gehören hieher Heeg, Heck, Hech. In allen diesen Namen tritt, wie oben besprochen, für e auch ö ein, wie in Högl, Höckel, Höchel, Höchtl, Höcht, Höck, wobei sie aber in bedenkliche Nachbarschaft zu den Ableitungen von Hugo gerathen.

Nach Maio bildet sich Haio und diesem mögen Hei, Heu, Hoi (sämmtlich in München) entsprechen, obgleich bei den zwei ersten auch an Hei = Hege, wie in Wieshei, Holzhei (s. u.) gedacht werden darf. Aus Haio dann wieder Hailo = Heil.

Aus Haizo konnte Haiss, Heiss entstehen, welches aber auch eine zweite Ableitung von Huzzo und sogar eine dritte von Hizzo = Hildebert zulässt. Ferner Haisch, Haist.

Ob Heinrich = Heginrich oder Heimrich, ist unentschieden. In Würzburg jetzt noch ein Heimrich. Heinleth (s. S. 20) = Heinold = Heginwalt.

Hagelgans = Ganso, S. des Hagilo.

Hannawacker = Wakar, S. des Hagano.

Helmhang = Hagano, S. des Helmbrecht.

Heidenhahn, Seltenhahn = Hagano, S. des Hagideo, des Salideo.

Benglan, Habann, Loschan = Anno, S. des Bingilo (von Bunico, s. S. 60), Habo, Losco (Lodwig)?

Unser Bengel = Bingilo verdient als gutes deutsches

Schimpfwort wohl auch eine angemessene Stelle oben S. 66 unter seinen Zeitgenossen.

Kagano, Gagano: **Kahn, Gann, Gahn, Kandl, Gandl.** Kagino = **Kain, Kein, Kenn.** Kaganzo, Keginzo, Geginzo = **Kanz, Gantz, Gans, Kainz, Keinz, Genz, Genzel, Gentsch.** Kagilo = **Gagel, Kegel, Kögel,** auch **Kall, Gall, Kahl, Kahlo** (F.), **Kehl, Kail, Geil; Kalz, Kelz.** Von Gacco (nach Macco, Hacco), Gacho: **Gack, Gach, Gäckle, Kachel, Geck, Geek.** Kaio, Gaio = **Gay** (F.), **Goy** (M.), **Coy** (D.).

Keginheri = **Keiner, Kenner, Gegner,** vielleicht auch **Göhner, Gönner,** was also Gegenheld bedeuten würde. Keinath wird wohl Keginhard sein, wie Ehrat = Ehrhard ist. Kaganpert = **Kamp, Kambl, Kempel, Kemp.** Gagenpert = **Gamp, Gempel.**

Kambeitz (D.) = Bizo, S. des Kagano.

Biergans = Ganzo, S. des Bero.

Modo, Mudo, Moto, Muto von mot, muot, Muth, bilden so ziemlich alle Formen wie Boto. Also: **Mott, Muth, Model, Müthel, Miedl, Mittel, Meidel, Müd; Motz, Mutz, Mautz, Mutzel,** der seiner Zeit vielgenannte Gemeine von Bronnzell, **Mitzel, Mütz, Müsch, Mutschel; Moos, Mosel, Mösel, Mössl, Möss, Mosch, Moesch, Möstl, Möst; Muss, Müssel, Missel, Miesel, Mies, Mistel, Mist; Maus, Mäusel, Mais, Meiss; Musch, Muschel, Mausch, Maischel, Maisch** u. s. w.

Mosengeil = Gagilo, S. des Moso. Mosthaff = Hafo, S. des Mosto.

Von Motilo == Mollo: Moll, Mohl, Möhl, Mull, Muhl, Mühl, Maul u. s. w. — Mühlig, Müllich, Mühling.

Noto von not, Noth. Davon: Noth, Nödel, Nötel, Nöth, Notz, Nötzel, Nötz, Noss, Nössel, Nöss, Noest, Nutz, Nützel, Nuss, Nüssel, Nüss, Nusch; Naus, Neusel, Neuss, Neuschel; Nudel, Niedel, Nied, Nies, Niessl, Niest.

Nussbiegel (N.) == Buggo, S. des Nuzzo.

Von Notilo: Noll, Null, Nill, Neul. — Nuding.

Unter den Namen, die mit s anlauten, sind die mit Sigu, Sieg zusammengesetzten (Sigbald, Sigbert, Sigfrid, Sigmund u. a.) weitaus die zahlreichsten, ihre Koseformen können aber über Sitz, Seitz, Siess, Seiss, Seissel nicht hinausgehen. Ebenso vermögen die mit stark zusammengesetzten wie Starkfrid, Starkhand, Starkolf nur die Formen zu bilden, die wir früher schon vorgeführt. Einige andre nicht unansehnliche Namenschaften, die mit Sal, Sind, Sund, Swind anlauten, übergehen wir, da dieselben, soweit sie nicht oben schon angezogen, für den heutigen Bestand ohne Belang erscheinen. Dagegen wollen wir nicht verheimlichen, dass die Namen, die mit Schl, Schm, Schn, Schr anlauten, aus althochdeutschem Stoffe nur sehr mangelhaft zu decken sind. So bringt Förstemann für alle mit Schm beginnenden Namen nur das einzige Smido, unser Schmid, mit der Koseform Smidilo, welche unser Schmeidl ist, aber unser Schmädel, Schmaizl, Schmauss, Schmautz, Schmelz, Schmer, Schmoll, Schmolk u. s. w. bleiben alle ohne Vorfahren und ohne

Erklärung. (Nur Schmaizl mag von einer zweiten Koseform Smizzilo herrühren und Schmädl etwa für Schmeidel
stehen.) In dieser Noth bleibt nur ein gewagter Vorschlag übrig, der eine theilweise Rettung bringen kann,
nämlich anzunehmen, dass sich in diesen Namen der Ton
versetzt und dass sonst tieftonige Silben den Hochton
erhalten haben. Wir finden z. B. Salaco, Salico, Salihho,
Saluhho (s. S. 51). Bleibt nun der Ton auf der ersten
Silbe, so ergibt sich das heutige Salg, Selig, Selch und
Sölch; geht er aber auf die zweite, so entsteht nothwendig Schlag, Schlick, Schleich, Schluch und Schlauch.
Ebenso wird aus Salizo zwar erstlich Seelus, Selz, aber
auch auf demselben Wege Schlitz, Schliss und Schleiss.
Aus Salinc einerseits Salling, anderseits Schlenk, aus
Sarunc Saring und Schrenk, aus Saliker Seeliger, Solger
und Schlicker, aus Salirat Sellrath und Schlereth, aus
Senocus, was ein sehr alter aber unerklärter Name, der
schon bei Gregor von Tours vorkommt, Senk und Schnoch,
Schnuck, aus Saramunt vielleicht Schramm, wovon dann
wieder Schrammel, Schremmel, welches auch an ein uraltes westfränkisches Sarromalus mahnt. In derselben
Weise gibt Sarico Sarg, Sorg (Sörgel) und Schrick, Sa-
valo Sabel und Schwall. Und ebenso mag Schlaff und
Schleiff mit Salafrid und Salifrid, Schlappolt, Schlapp
mit Salapolt zusammenhängen. Auch Draxel und Trag-
seil zeigen eine doppelte Stellung des Accents; Trágisil
und Tragisíl (von Trago, Draculf).

Das Licht, das dieser gewagte Vorschlag verbreitet, ist
allerdings nicht blendend. Schnuck und Schwall, Senk und
Sabel bleiben so dunkel als vorher. Die mit Sar anlautenden
Namen mag ahd. saro, Kriegsrüstung, erklären.

Sonst sind von den mit s anlautenden Stämmen noch etwa folgende hervorzuheben:

Scalco, von scalc, Knecht, jetzt Schalk, Schall, Scholl; in Engelschall, Gottschall, Marschall (marah = Mähre, Ross) an zweiter Stelle. Schollwöck = Scalcvig. Dass auch ein Scalcpert vorhanden gewesen, gibt Scholpp (St.) zu erkennen.

Scroto, Scruto, von scrotan, hauen, schneiden, jetzt Schrott, Schrauth. Scrotilo = Schrödl, Schroll, Schreil. Von Scrotfrid Schroff, Schruff, Schröfel; von Scrotpert Schropp, Schrupp, Schröppel; von Scrutolf Schraudolph.

Scuzzo = Schütze, ging als Eigenname seinen eigenen Weg, unbekümmert um den appellativen Doppelgänger, und wurde einerseits zu Schütz, Schiess, Schüssel, Schiessl, Schistl, anderseits zu Schautz und Schauss.

Schutzmarlin (M.), Marilo, S. des Scuzzo? Anschütz, Hugschütz, Roschütz = Scuzzo, S. des Anno, Hugo, Rodo.

Strobo, Strubo, Strobilo, jetzt Strub, Straub, Streibl, Streib, Striebl, Strobel, Ströbl.

Strollo, jetzt Stroll, Ströll (und Strolz) ist wohl dasselbe, was Strobilo. Ferner die von Strubo abgeleiteten Koseformen Struzzo, Struzzilo: Strutz, Strauss, Stritzel, Streitz, Strötz.

Schmerold — ein Bauernname bei Tegernsee — echt deutscher Klang! an Gerold und Herold erinnernd und doch ganz dunkel, wenn er nicht einfach als einer, der des Schmeeres oder der Schmiere waltet, erklärt werden darf. Uebrigens dann ein vortrefflicher Name für einen altbajuvarischen Seifensieder oder Kerzelgiesser. Bei Förstemann S. 1070 findet sich Samanolt —

dürften wir Samarolt lesen, so wäre uns allen geholfen, nur hätten wir nichts davon, denn der Sinn bliebe ebenso finster als vorher. Ebenda Samilin — wenn wir ein Samalico bilden, erhalten wir Schmalik und dieses in genitivischer Form, wie Horix (S. 51), Broderix (S. 100) ergäbe unser Schmalix (sel. Erben, Blutegelhandlung in München). Aber eine brodlose Kunst, für neuhochdeutsche Namen althochdeutsche Formen aufzustellen, wenn weder althochdeutsch noch neuhochdeutsch ein Sinn zu finden ist. Uebrigens mag auch Gmelch (M.) ein altes Gamalico sein; Gmälin, Gmähle entspricht einem ahd. Gamalin. Beide kommen von gamal, alt; für Gmelch aber bietet sich nebenbei auch ein ahd. gemellich, lustig, von gamen, Freude.

Tagano, eine Ableitung von Tag, was ursprünglich wohl Licht und Glanz bedeutete. Davon Dano, Danno = Dahn, Dann, Tann, Thon, Dangl, Dähnel.

Wenn Tagano in Tagino, Tegino übergeht, so fällt es zusammen mit Tegano, Degen (gr. $\tau\acute{\epsilon}\varkappa\nu o\nu$), was Kind, Knecht und Held bedeutet, aber von Degen, ensis, ganz verschieden ist.

Davon dann Dehn, Thenn, Teng, Dengl. Wie aber Megin zu Mein, so wird Degin zu Thein, wovon Deindl, Deinlein, Deines. Wie Ragilo = Rall, so Tagilo = Dall, Dahl und Tegilo = Dell; ob Theil, Dail, Deil zu jenem oder diesem, ob sie nicht zu Thiudilo (s. S. 59) gehören, ist kaum zu entscheiden. Tallo, Telo, Tello finden sich althochdeutsch in Bayern und in St. Gallen (Förstemann, S. 330). Schiller's Tell wäre allenfalls in Degenhard zu übersetzen. Aus Tellizo Deltsch.

Abgekürzt erscheint Tagano als **Dack** (ahd. Tacco), wogegen die Formen **Deck, Deeg, Deckel, Degele, Tegel** sich besser zu Tegano stellen.

Degenhard, Deinhard; Tagmar = **Dahmer; Tagheri** = **Decher, Decker.**

Dexel wird = Daigisil sein, das bei Förstemann S. 519 zu finden und in Dagigisil aufzulösen ist.

Jenes Tegino möchte aber auch manchen Familiennamen in — stein erklären, wie es oben schon zur Deutung von Himmelstein, Hottenstein u. a. benützt worden. So vielleicht auch **Kochstein, Hollenstein, Rammenstein** (sämmtlich in St.) = Tegino, S. des Koggo (Kotger), Holdo, Rammo. Doch ist dabei Vorsicht zu empfehlen, da solche Bildungen leicht auch Ortsnamen sein können. Indessen ist anderseits zu bemerken, dass es den Gepflogenheiten des Bürgerstandes, wenigstens in Altbayern, nicht entspricht, Ortsnamen unverändert als Geschlechtsnamen zu führen, da solches gewissermassen als ein Vorrecht des Adels gilt. Die Herren Auerbach, Bodenstedt, Müllenhoff, Oldenbourg würden sich, wenn die Wiege ihres Geschlechts zwischen dem lustigen Menzing und Trudering gestanden wäre, nicht anders als Auerbacher, Bodenstätter (oder besser — stötter), Müllenhofer (nicht — höfer, was fränkisch wäre), Oldenburger schreiben. Und so würde auch ein bürgerlicher Altbayer, dessen Familie von Kochstein, Hollenstein, Rammenstein stammt, jedenfalls Kochsteiner, Hollensteiner, Rammensteiner heissen.

Thiudo, von **thiud, diet,** Volk. Die Ableitungen bilden sich von den vier Formen Thiudo, Tido, Tudo, Todo.

Thiudo: Deut, Deitel, Deuss; Diez, Dietzsch, Diess, Diesel, Diessl, Doisl; Daiss, Deiss, Theiss, Deisch; Diest.

Tido: Ditt, Dittel, Ditz, Ditzel; Diss, Disch, Distl.

Tudo: Dutt, Daut, Dautel; Duss, Dussel, Düssel, Dauss, Dusch, Duschel, Tausch, Deuschle, Dütsch.

Todo: Todt, Dottl, Dodl, Döttl, Dotz, Dötzel, Dötsch, Doss, Thoss, Dossel, Dös, Dostl.

Dotter (wovon Döderlein), sicherlich nicht, wie Vilmar glaubt, ein Eierdotter, sondern, wie schon Pott vermuthete, ahd. Thiotheri. Auch Dotterweich wahrscheinlich Thiudewig oder Wigo, S. des Thiotheri. (Vgl. Butterweck unter Bodo.) Tillmetz = Mezzo, S. des Tilo, Titilo. Dilldapp (M.) = Tagpert, S. des Tilo. Ebentheuer, Korntheuer = Tiuro (s. S. 61), S. des Ebo, Karo. Theuerkorn = Karo, S. des Tiuro.

Tocco = Tiudger, wovon auch die Toggenburg benannt, bildet jetzt in vielen Namen den zweiten Theil. Hopfenstock ist schon oben S. 81 aufgeführt. Ferner beispielsweise: Birkenstock, Dörrstock = Tocco, S. des Berico, des Toro; Eierstock = Tocco, S. des Iring, wie ja auch die alte Iringsburg an der Loisach jetzt Eurasburg heisst; Matterstock, Rosenstock = Tocco, S. des Mahtheri, des Rozo. Tugendhad (M.) = Hatto oder Tato, S. des Tugo.

Da Frohbein gewiss aus Frowin (s. S. 23) entstellt ist und Hahnenbein, Hühnerbein kaum etwas anderes bedeuten als Wino, S. des Hagano, des Huno, so mag auch Tischbein, Deutschbein als Wino, S. des Tusco erklärt werden. Hasenbein, Ochsenbein, Lindenbein = Wino, S. des Haso, des Otgis, des Lindo. Holbein = Holdwin. Siebein = Sigwin. Zur Erklärung von Schnur-

bein müsste man aber sehr weit ausgreifen, denn ein ahd.
Snurro findet sich nicht. Bleibt also nur übrig, die halbgött-
liche Frau Snotra (die weise, artige) aus dem Dunkel der altnordischen Mythologie herbeizuholen (Grimm, D. Mythol.
S. 843) und den Namen als Snotrafreund zu erklären.
Uebrigens findet sich das Adj. snotar auch noch im Althochdeutschen und bedeutet klug und weise. Es muss
wohl auch das jetzige Schnorr und Schnurr erklären,
für welche sonst, wie gesagt, kein althochd. Vorbild auf-
zutreiben. Schnorf (in Zürch) wäre ·demnach als Snotra-
frid zu deuten. Schnurrbusch wäre Busco, S. des Snotro.

Dauses (M.), Ulsess (M.) — seltsame Formen. Ein
Tuzzizo, Ulzizo kann nicht angenommen werden; man
wird sie daher für Genitive ansehen müssen.

Truto von trut, lieb. Truto = Truth, Traut,
Trott, Trudel, Treutel, Dreydel; dann Truzzo = Trutz,
Trautz, Treitz, Trutzel, Trützel, Dreiss, Driesslein,
Trusch, Druschel, Treusch, Trieschel, Treischel, Triet-
schel, Tross, Drossel, Droschel; Trost, Trostel. Troll
und Tröltsch sind oben S. 60 aufgeführt.

Auch Trozzo, Name eines der vier bayerischen Urgeschlechter, gehört hieher.

Turing, Thüring, der Name des Volkes, war auch
als Mannsname beliebt (jetzt Düring, Deuring, Döring,
Türk, Dürk) und hatte als solcher auch die gewöhnlichen
Abkürzungen u. s. w. zu erfahren.

Aus Turo, Toro ist wohl unser Thur, Thauer,
Thorr, Dörr entstanden, wogegen Dürr, Diehr, Thier,

Dirr, Theuer sich besser zu Tiuro schicken. (Vgl. aber S. 61.) Aus Turizo, Torizo unser Durz, Thiersch, Dürsch, Türschl, Dors, Dorsch und Durst. Oder sollen diese von ahd. thuris, turse, der Riese, stammen? Wunderlich ist, dass der uralte Name Thorismut, der schon in der Gothenzeit vorkömmt, fast unwiderstehlich auf das jetzige Thorschmidt, Dürrschmidt leitet. Dirigl (M) = Turichilo?

Dorn und Thurn gehen auf ahd. Turno zurück, was wohl auch eine Ableitung von Turing ist. Turnizo = Dürnitz, Thurnes und Thurneisen.

Dornseif (D) = Sifo, S. des Turno.

Ueber die mit z anlautenden Namen lässt sich wenig gedeihliches sagen.

Es sind im Althochdeutschen fast lauter Koseformen, deren Primitiva fehlen und die daher auch nicht erklärt werden können. So z. B. Zacco, Zazzo, Zizzo, Zozo, jetzt Zach, Zass, Zitz, Zotz u. s. w. Die Bedeutung ist daher nur für sehr wenige festzustellen, so für Zeits, Zeiss, welche von ahd. zeiz, zart oder heiter, abzuleiten oder für Zink, da ahd. zinco einen weissen Fleck im Auge bedeutet. Davon dann Zinz, Zenz, Zenns; vielleicht auch Zinkeisen = Zinkizo? jedenfalls Zingerle, Professor in Innsbruck und ausgezeichneter Germanist, als Diminutiv von Zinger, dem Besitzer des Zinghofes. Oder gar von Zinc-heri, ein Held mit einem weissen Fleck im Auge? Zanger, Zängerle wird man dagegen aus dem Adjectiv zanger = scharf, räss, welches Schmeller beibringt, erklären dürfen.

Noch ein Beispiel, um zu zeigen, wie die Sache steht. **Zaubzer**, ein guter Münchner Name — denn ein Zaubzer war es, der schon in den achtziger Jahren des vorigen Jahrhunderts eine scharfe Ode auf die heilige Inquisition gedichtet und für die damalige Sehnsucht der Münchner nach einiger Aufklärung schönes Zeugniss abgelegt hat — Zaubzer lässt sich etymologisch leicht construiren. **Förstemann** bringt nämlich S. 1370 ein Zuppo (dazu auch Zubilo = Zobel) und aus Zuppizo musste Zaubz werden. Unangenehm ist nur, dass niemand weiss, was Zuppo bedeuten soll, denn dass es Zeuss an den Volksnamen der Tubanten anknüpfen will, wird wenig Zustimmung finden. Eher könnte man fragen, ob Zuppo nicht = Thiudpert sei, ob z überhaupt in diesen Namen nicht für th oder t eingetreten. Dürfte diese Frage bejaht werden, so wären allerdings die meisten, mit z anlautenden Namen unschwer zu erklären. Es wäre dann nämlich Zach = Dach, Zahn = Dahn, Zass = Dass, Zitz = Ditz, Zistl = Distl, Zotz = Dotz d. h. Zach und Zahn würden sich zu Tagano, Zass zu Tazzo, Zitz, Zistl, Zotz zu Thiuzo stellen.

IV.
Zweite Classe der Familiennamen.

Unser Ziel wäre nun eigentlich erreicht. Die Familiennamen, welche aus alten Mannsnamen hervorgegangen, sind, so gut wir es vermochten, zerlegt und erklärt worden. Unsere Batzel, Datzel, Hatzel, Matzel, Natzel, unsere Bessel, Dessel, Gessel, Hessel, Lessl und tausend andere mehr haben nun vernommen, was ihre Namen bedeuten, und wenn sie es auch fürderhin nicht wissen sollten, so fiele die Verantwortung wenigstens nicht auf mein unschuldiges Haupt. Die andern drei Classen dagegen, welche Eigenschaften, Stand oder Herkunft der ursprünglichen ·Namenserwerber festhalten, hätten diese Schrift nicht veranlassen können. Theils liegen sie dem Verständniss an und für sich viel näher, theils ist nach allen Vorgängern, nach Schmeller, Pott, Vilmar und andern, überhaupt wenig neues darüber beizubringen. Indessen, da sie doch einmal zum Ganzen gehören, so wollen wir auch sie etwas näher betrachten und einer jeden Classe wenigstens einen kurzen Abschnitt widmen.

Zuerst aber noch einige Worte zur Rechtfertigung des vorhergehenden Capitels. Mancher Leser wird allerdings überrascht gewesen sein, als er da die bekanntesten Namen, über deren Sinn unter den Gebildeten nie ein

Zweifel gewesen, plötzlich aus dieser ihrer landläufigen Bedeutung herausgerissen und auf eine ganz neue, unerhörte Weise erklärt sah. Roth und Weiss sollen also nicht Farben anzeigen, sondern von Rodulf und Wicpert herstammen, Bader soll nicht ein Standesname sein, sondern ein althochdeutsches Badheri — Ochs, Bock, Hahn, Haase, Gimpel, Maus und andere bewährte Thiernamen sollen nicht mehr das bedeuten, was sie nach allgemeiner Meinung bisher bedeutet haben, sondern etwas ganz ungewöhnliches und neues!

Hiegegen gesteht der Verfasser aufrichtig, dass es allerdings sein Streben gewesen, die erste Classe in allen Richtungen bis an ihre äussersten Grenzen zu führen und wo möglich alle Gestalten aufzuweisen, in denen sie sich ergangen hat; allein er gibt sehr gerne zu, dass nicht alle Namen des gleichen Lautes auch des gleichen Ursprungs sein müssen. Da wir z. B. ein ganz unverdächtiges Schwarz haben, so gehört dazu sicherlich auch ein Weiss und ein Roth. Mancher Roth wird also einen ehemaligen Rodulf, mancher andre einen ehemaligen Rufus, mancher Weiss einen Wicpert, mancher andre einen Albus zu vertreten haben, nur ist die Ausscheidung heutiges Tages nicht mehr möglich. Da wir ferner Müller, Fischer, Schmid und noch so viele andre Gewerbsnamen besitzen, so müssen wir wohl auch die Bader anerkennen, aber doch ist nicht zu bezweifeln, dass unter unsern Badern auch einer oder der andre sich findet, welcher, ohne es zu ahnen, einen alten Badheri oder Schlachtenheld mit sich herumträgt. Endlich haben wir einige echte Thiernamen, wie z. B. Hirsch, Fuchs, Fink, Schaf, Schnepf, Nachtigall und so kann denn auch Ochs, Bock, Hahn u. s. w.

anders aufgefasst werden, als oben geschehen ist. Ueber diese unsichern Dinge zu streiten, wäre verlorne Mühe, da den Streit niemand entscheiden kann.

Es sollte hier nur gezeigt werden, dass aus diesen und jenen alten Mannsnamen diese und jene neuern Formen entstehen konnten; wo eine Wahl gegeben ist, mag jeder wählen, was seiner Ueberzeugung, seinem Glauben, seinem Gefühl das Beste scheint.

Im ganzen wird der Leser der gegebenen Deutung immer zustimmen, wenn er selbst keine andre weiss. Dass Raus = Ruzzo, Rudolf, Naus = Nuzzo, Notpert, Raas = Razzo, Ratpoto wird man ohne Widerspruch hinnehmen, aber dass Haus = Huzzo, Hugibert, Maus = Muzzo, Mutger, Haas, Haase = Hazzo, Hademar, wird man lieber bezweifeln, weil man mit diesen Worten bisher ganz andere Begriffe verband, obgleich, wenn jene Deutungen richtig, auch diese gerechtfertigt sind.

Wie gering aber bisher die Erkenntniss dieser ersten Classe gewesen, mag man daraus abnehmen, dass selbst Forscher wie Vilmar noch im Jahre 1865 unser Riedel nicht von Ruodilo abzuleiten, sondern nur als „Schnürriem, mit welchem man ehedem die Kleider befestigte," zu erklären wussten. The rest is silence.

Und somit können wir nunmehr zu einem andern Hauptstück übergehen.

In die zweite Classe stellen wir also jene Geschlechtsnamen, die einfach den Eindruck wiedergeben, welchen der Urvater nach Gestalt und Aussehen oder nach Gemüthsbeschaffenheit und Charakter auf seine Umgebung gemacht hat. So bezeichnen ja auch, wie man sagt, unsre Schenkinnen zu Stadt und Land, wenn ein Trupp unbekannter Touristen sich zur Labung niederlässt, die neuen Gäste nach Weise der Väter, indem sie auf die schwarze Tafel kunstlos notiren: der roth, der lang, der glatzet, die Nase u. s. w.

Auf gleiche Weise entstanden Namen wie **Weiss, Roth, Schwarz, Braun,** entweder nach der Farbe der Haare oder der Haut, während **Kraus** (vgl. aber S. 103), **Straub** und **Strobel** lediglich auf die Beschaffenheit der ersteren deuten. Braun mag aber auch der alte Name Bruno sein und wie alle diese Namen wieder verkleinert werden können (vgl. **Schwärzel, Bräunlein** u. s. w.), so findet sich von **Strub, Straub** auch **Striebel, Streibel, Strutz, Strauss** u. a. m. (vgl. oben S. 115). **Straub** und **Kraus** haben sich auch mit — ert und — old verbunden — **Straubert, Streubert, Ströbert, Kraussold** — eigentlich auch keine sinnreichen Zusammensetzungen (s. S. 75).

Wenn Schlichthörle richtig geschrieben wäre, so müsste man an ein kleines Schleich- oder Einlassthor denken, eher aber mag es als schlicht Herrle oder noch besser als schlicht Härle, ein Gegensatz zu Strobel, gedeutet werden. Für letzteres spricht, dass sich in München auch ein Schönhärl findet.

So entstanden auch **Alt, Jung, Gross, Klein, Kurz, Lang** u. s. w., dann die Zusammensetzungen **Rothbart, Weisshaupt, Grossschädel** u. s. w. Ebenso wurden die moralischen Eigenschaften zu Familiennamen verwendet, wie **Treu, Streng, Stolz, Keck, Nüchtern, Lammfromm, Schadenfroh** u. s. w. Auch körperliche Gebrechen gaben zu Namen Anlass, wie **Blind, Schilcher** (Schiller?),

Stammler zeigen. Pott bietet von allen diesen Sorten eine sehr niedliche und ausgiebige Sammlung (S. 590 u. s. f.).

Auch die Namen dieser Art nehmen schon seit alten Zeiten gern ein — mann zu sich, um etwas vollkommener zu werden; so **Jungmann**, **Altmann**, **Grossmann**, **Weissmann**, **Schwarzmann** u. s. w.

Krenkl, der symbolische Ur- und Erzbajuvare, der leider dahingegangen und noch nicht ersetzt, obgleich jeder echte Landsmann mit einem Tropfen seines Oels gesalbt ist, Krenkl's Name ist dem gelehrten Forscher in Halle auch zu Ohren gekommen und leitet sich nach seiner Ansicht von Kranich ab; vielleicht geht es aber gar auf ein uralt fränkisches Chramnico, Cranico (jetzt **Krenig**) zurück, was von chramno, Rabe, kömmt. Davon wohl auch **Gran**, **Grahn**, **Krandel**, **Kranz**.

Thumb hängt aber sicherlich nicht, wie Pott vermeint, mit Dom zusammen, sondern ist das mittelhochdeutsche tump, was leichtsinnig, unbesonnen bedeutet. Die lateinische Uebersetzung des alten Namens, die zuweilen in den Urkunden vorkömmt, lässt darüber keinen Zweifel. Der Thumsee bei Reichenhall dagegen ist wohl ehemals ein See des Doms zu Salzburg gewesen. **Thumser**, **Dumbser** soll wahrscheinlich Thumseeer heissen.

In diese Classe gehört auch der weitverbreitete und alte Name **Kolb**. In München kommt er zur Zeit 57 mal vor — aber wie ist er zu erklären? Die Forscher geben darüber keinen verlässigen Aufschluss. Vilmar's Annahme, dass es einen Kolben, eine Waffe bedeuten soll, will mir wenigstens nicht gefallen. Sollte nicht das alte chalw, lat. calvus, jetzt kahl, die Lösung bieten, da aus diesem wohl leichtlich Kolb werden konnte? **Kalb** und

Kolb sind wahrscheinlich dasselbe. Die zahlreichen Inhaber dieser Namen legen aber jetzt noch Zeugniss ab, dass auch schon in der Vorzeit ein reicher Haarschmuck nicht jedermanns Sache war, obgleich unsere Maler die Cherusker ausnahmslos mit den dicksten, hochaufgedrehten und wahrhaft demonstrativen Zöpfen darzustellen lieben.

Durch Zusammensetzung mit —mann ist wohl unser ehrenvoll bekannter Name Kollmann entstanden; aus diesem wieder Kolm.

Bei Kollmann hat man auch schon an die heiligen Columban oder Coloman gedacht. Möglich wäre ferner, dass Koll = Cotilo wäre. Die Schreibung Kohlmann erinnert allerdings auch an Kohlen.

Augenscheinlich haben sich in den Namen auch manche althochdeutsche, sonst längst verschollene Adjectiva erhalten. Wir geben hier eine kleine Sammlung, die sich aber leicht vermehren liesse:

gîri (gierig): Giehr, Geyer.

gogel (üppig): Gogel.

gram (zornig): Gram.

hwas, später wachs (scharf, spitzig): Wachs (daher auch der Bergname Wachsenstein).

kamal, gamal (alt): Kammel, Kambl, Gammel, Gamm, Gemmel, Gommel.

keil, geil (stolz, übermüthig, lustig): Keil, Geil.

klao (schlau): Kloo.

mihhil (gross): Michel.

sêr (schmerzend, wund): Sehr, Söhr.

skîri (hell, glänzend): Scheier, Scheuer, Scheuerl.

veigi (dem Tode bestimmt): Foag (M.), Feigl, (Feil?).

vlât (reinlich): **Flad, Flatt**; dazu auch der Gegensatz: **Unflad**.

vruot (weise): **Fruth**.

wuot (wüthig): **Wüth**.

Von vlat, vrut, wut auch wieder die Koseformen **Flatz, Fletz**; **Frutz, Frautz**; **Wutz**.

zieri, (zierlich): **Zier, Zeier**.

Auch mhd. rasch, resch, rosch (munter) ist gewiss zu Namen verwendet worden und hat Ansprüche auf **Rasch, Resch, Rosch, Rösch**, die wir oben von Ratpoto, Rodulf ableiteten.

Spengel bedeutet in Franken: selten, theuer, könnte aber auch ein Diminutiv von Spange sein; oder gar ein ehemaliger Spaniol, ein Spanier? Ein freilich unerklärtes Spenneol findet sich schon im neunten Jahrhundert bei Meichelbeck. Ob das häufige **Endres, Entress, Entriss** jedesmal von Andreas herzuleiten, ist auch nicht ausser Zweifel. Es könnte mitunter auch aus ahd. entrisc (riesig oder uralt) zu erklären sein.

Uebrigens wird nicht unbemerkt bleiben, dass wieder verschiedene Anstösse mit früher gegebenen Deutungen eintreten. Von Rasch, Resch, Rosch, Rösch ist eben die Rede gewesen. Giehr ist oben von Gero, Gogel von Gotger, Keil von Kagilo, Wachs von Watgis abgeleitet worden. Auch Michel kann einerseits noch vom Erzengel Michael, anderseits von Mutger (Michel nämlich = Müchel) herrühren und bleibt daher nichts übrig, als an die Trostworte zu erinnern, welche am Anfange dieses Capitels gesprochen worden.

V.
Dritte Classe der Familiennamen.

Eine andere Gattung der Namen, die dritte, bezeichnet Gewerbe, Stand und Würde der ursprünglichen Namensträger. In dieser Classe lacht uns zuerst das überall erschallende **Maier** entgegen, aller Namen häufigster und, sofern der Nährstand allen andern, wie in China, vorgezogen wird, aller Namen ehrenwerthester. Wenn er auch nicht in Bajuvarien aufgekommen, so hat er doch in unsern Gauen eine sehr zuträgliche Lebensluft gefunden. Unser München könnte in Süddeutschland mit Recht die Stadt der Maier genannt werden. Aber im Norden ersteht ihm ein siegreicher Nebenbuhler. Hannover, die Hauptstadt des ehemaligen Königreichs, an der Leine, ist nämlich noch maierreicher als unsre Metropole an der Isar. Diese zählt nach dem letzten Adressbuche bei einer Bevölkerung von 170,000 Seelen eine runde Summe von 350 einfachen Maiern, Hannover aber bei einer Bevölkerung von 80,000 Einwohnern erklimmt die verhältnissmässig schwindelnde Höhe von 400 Nummern, so dass wir nach diesem Massstabe gemessen in München noch der Maier viel zu wenige besitzen, diese vielmehr, um Hannover gleichzustehen, bis auf die Zahl 850 vermehren müssten. Einen grossen Vorzug behauptet übrigens München doch wieder darin, dass es einen angenehmen Wechsel der Schreibart bietet. Wir haben nämlich Mair, Maier, Majer, Mayr, Mayer, Meir, Meier, Meyr, Meyer, also neun Formen aufzuweisen, während in Hannover die Schreibung Meyer dermassen den Sieg errungen, dass unter jenen 400 Namensvettern nur Ein Maier und nicht mehr als drei Mayer gefunden werden. Wenigstens in dieser Beziehung sind wir also wesentlich günstiger gestellt.

Bisher sind aber in München wie in Hannover nur die einfachen Maier gezählt worden, die Zahl der zusammengesetzten ist noch ganz unbekannt.*) Uebrigens haben auch diese durch die vorausgehenden Untersuchungen mánche freundliche Beleuchtung erhalten. Humpelmaier und **Rumpelmaier** z. B. wird jetzt kein wahrhaft Gebildeter mehr von humpeln und rumpeln ableiten, sondern nur von Humpold und Ruhmpold. Auch für das Verständniss der **Bestelmeier, Dafelmaier, Deiglmaier, Dobmaier, Eibelmaier** u. s. w. ist oben gebührend gesorgt. Der dunkelste unter sämmtlichen zusammengesetzten Maiern ist im Münchner Adressbuch gerade der erste, der Herr Ablassmayer, ein Name, der in der That zu einer gelehrten Untersuchung und Monographie Veranlassung geben könnte. Einmal wäre zu erforschen, ob hier Ablass eine Schleusse oder einen kirchlichen Ablass bedeute; ob der Eponymus etwa an einem Ablass ersterer Art gewohnt und daher seinen Namen erworben oder ob er durch häufige Wallfahrten, z. B. nach Deggendorf und

---

*) Nach einer verlässigen Mittheilung soll dieselbe in München, jeden Namen einfach gerechnet, 307 betragen.

andern Gnadenorten, seinen Zeitgenossen ein gutes Beispiel gegeben und so viele Ablässe gewonnen, dass jene nicht umhin konnten, ihn darnach zu benennen — oder aber, wenn sich beide Vermuthungen trügerisch erweisen, ob nicht dem vordern Theile des Namens ein Abels —, Genitiv von Abel, oder ein Abless = Abilizo (wie Harless = Harilizo) zu Grunde liege, welches lediglich in Ablass umgedeutet worden. Für letztere Annahme spricht wenigstens der Name Appelsmaier, welcher in München ebenfalls vorkommt.

Manche Zusammensetzungen aber, die wir mit Stolz die unsrigen nennen, wie Sedelmaier, Ostermaier, Westermaier u. dgl. — sie kommen anderswo gar nicht vor. Oster- und Westermaier zusammen sind im Münchner Adressbuch 70 verzeichnet; im Stuttgarter Adressbuch findet sich keiner von beiden. Auch ein Oberniedermaier wird sich auswärts schwerlich treffen lassen; doch fehlt selbst uns ein Vorderhintermaier. So häufig die Oster- und Westermaier, so selten sind aber die Norder- und Sonder- (Süd-) maier, wenn auch für letzteres einige Male Sonnenmaier vorkommt. Der Grund dieser Erscheinung liegt wohl darin, dass sich Norder- und Sunder- nach dem Laufe der Flüsse viel anschaulicher durch Ober- und Unter- ersetzen liessen.

Dass Maier aus dem lat. major stamme und den Major oder Obersten eines Hofes bedeute, leuchtet wohl männiglich ein. Nicht so bekannt dürfte sein, dass unter Sedel ehemals nur ein adeliger Sitz und unter Sedelmaier der Zeit-, Leib- oder Erbpächter auf einem Sedelhof verstanden wurde.

Sonst bedürfen die Namen, welche auf Stand und

Gewerbe beruhen, wie Müller, Fischer, Schmid, Wagner, Kramer, Kaufmann, Probst, Richter, Bürger, Bauer u. s. w. weniger Erklärung.

<blockquote>
Uebrigens lässt sich, wenn auch halb im Spasse, doch behaupten, dass nicht einmal jeder Fischer von den Fischen, nicht jeder Müller von der Mühle benannt sein müsse. Förstemann bietet nämlich auch ein Fuscari, wohl für Funscari = Fertigspeer, welches, einerseits die Quelle des lombardisch-venedischen Foscari, anderseits in deutschem Munde zu Füscher, Fischer (auch Fütscher?) werden musste und wenn Odalhari zu Oeller wurde, so konnte aus Mutilhari eben so gut ein Müller entstehen wie aus Motilhari ein Moller, Möller, Möhler.
</blockquote>

Nur einzelne jener Bezeichnungen sind nicht mehr allen verständlich, wie z. B. Ferg, Ferch, Förg, Vörg, Fürch (im Diminutiv Ferchl), was den Fährmann bedeutet (den Lesern der Nibelungen ist es freilich nicht unbekannt) und jetzt auch häufig als Fehr, Föhr, sogar als Vier (K.) vorkommt. Dieses gibt aber noch einige weitere Aufklärung. Wenn nämlich Fehr = Ferge ist (vgl. Grimm, d. G. I. 435), so muss Schärr, Scherr, Scheer = Scherge sein. Nun ist aber sehr bemerkenswerth, dass beide Namen sich auch als Fahr und Schaar, Scharr, Schorr, Scharl, Schorle finden und also noch den Vocal des uralten farjo, scarjo erhalten haben. (In Karlsruhe auch Fark, in Darmstadt Scharch, in Würzburg Schork, in München Schurk, was also jetzt auch erklärt wäre). Davon ferner Fehrl, Fierz, Försch, Fertsch, Fürtsch, Ferstel und anderseits Schier, Schierl, Scherl, Schörl, Schärzel, Scherz, dann Scherrigl, Scherribl; oder auch Schores und sogar Schorn, wornach denn der Familienname Schornstein als Scarines Tegino erklärt werden dürfte (s. S. 117). Bemerkenswerth ist auch Scharold (W.).

Vierneusel, was Vilmar S. 33 als „vier Nösel, Schoppen“ erklärt, möchte eher, wenn Vier-neusel, Neusel (s. S. 113), oder wenn Viern-eusel, Eisel (s. S. 98), der Sohn des Fergen sein. Auch Fernkorn, Firnhaber vielleicht Karo, Hadbero, S. des Fergen.

Was ist aber Starr, Stahr, Sterr, Steer, Sterl, Storr, Störrlein, Störr, Stier, Steyer, Steuer? Soll man da fein unterscheiden oder alles zusammenwerfen? Da Gier = Gehr und Geyer = Gier, so ist vielleicht auch Stier, Steyer, Steuer nichts anderes als Steer, Störr. — Aber dieses? Der Störfisch ist wohl nicht beizuladen, allein ahd. stero, der Widder, scheint kaum abzuweisen. Doch bleiben Starr und Storr dann unerklärt. Storr, Stier, Steyer, Steuer könnte man allerdings für ahd. stur, stiur, gross, ansprechen. Ein andrer Vorschlag, der vielleicht die ganze Familie ungetrennt beisammen liesse, wäre folgender: Finn, Sinn und Zinn haben wie Schall und Voll deutlich ein auslautendes k abgeworfen, d. h. sie stehen für Fink, Sink = Sindger und Zink. Leicht möglich ist, dass Starr und Storr für Stark und Stork stehen, welche Namen jetzt ein altes Starkfrid, Starkhand, Starkolf vertreten. (Starkolf kömmt auch als Strakolf vor, eine Form, die wir nicht entbehren können, wenn wir Strack, Streck, Stratz, Stretzel, Stretz erklären sollen.) Pott macht übrigens aufmerksam, dass die Ortsnamen Sternbach, Sternberg, Sternheim, Sternstein auch nicht nach den Sternen, sondern nach stero, Widder, benannt sein dürften.

Ein vergessenes Wort ist auch der Hei, soviel als der Heger, Aufseher, Hüter. Daher Bruckhei, Fischhei, Grashei, Halmhei, Holzhei, Wieshei, jetzt gewöhnlich Holzheu, Wiesheu geschrieben. Der Oeschey ist der Eschhei und der Esch ist die Dorfflur. In Augsburg auch ein **Brug-gey** = Bruckhei. Davon dann wieder **Heimann,** gewöhnlich Heumann geschrieben.

Hofmann war ursprünglich nicht etwa ein Mann, der gerne zu Hofe ging und dort gerne gesehen wurde, kurz nichts weniger als ein Höfling, sondern ein Höriger, der auf einem ländlichen Herrenhofe seinen Unterhalt empfing.

Kretschmar ist ein slavisches Wort, kommt zunächst von böhmisch kretscham, Wirthshaus, und bedeutet einen Schenkwirth.

Messner, Messmer hängt nicht, wie man glauben möchte, mit der Messe zusammen, sondern kommt nach S c h m e l l e r von mansionarius, bedeutet also einen, der einen mansus, ein Anwesen auf dem Grundeigenthum der Kirche zu geniessen hatte.

Noder, das im mittelalterlichen Stadtrecht von Trient so häufig vorkommt, ist das jetzige Notar, welches man früher deutsch betonte, und ersteres verhält sich zu letzterem wie das bäuerliche Maier zum militärischen Major. Auch **Vogt** ist bekanntlich aus advocatus hervorgegangen, findet sich übrigens jetzt auch als Voit und Fauth. Letzteres hat sich wieder koseförmig ausgebildet, wie **Fautz, Fauss, Fausel, Veusel** darthun. Für Faubel ein Fauthbert anzunehmen, geht aber doch nicht. Eher lässt es sich von Fulbert = Volkbert herleiten, wozu denn auch Fiebel stimmt. Ebenso darf man wohl Fugger = Fucker = Volkher oder Volkger ansetzen. Dasselbe ist **Föcker-er,** was also Volksheld oder Volksspeer bedeutet, ein passender Name für den beredten Landboten von Niederbayern. (Das unerklärte Fucco, Focco, Vocco bei F ö r s t e m a n n

S. 437 kann auch nichts andres sein, als Fulco, Volco.
Ihm entspricht Vock [A].) Aus jenem Fulbert wäre
vielleicht auch Faul- in Faulhaber zu erklären, also Hadbero, S. des Fulo? Faulstich = Thiudger (Dich), S.
des Fulo?

Plattner hiess vordem der Waffenschmid, von den
Metallplatten, die er zu bearbeiten hatte, und Pleitner war
ehemals einer, der die Wurfmaschinen, die Bleiden, bediente.

Pfnorr, Pfnörr, Pfnür, ein seltsamer, doch nicht ganz
seltner Name, ist wahrscheinlich das romanische venor,
veneur (lat. venator), der Jäger, was in den Hoftiteln
Grandveneur, engl. Grosvenor, oft durch die Zeitungen
läuft. (Vgl. den tirolischen Ortsnamen Pfnatten = vig-
nata.) Vonier (St.), Funier (A.) scheint dasselbe. Aber
was ist Pfnautsch (W.)? Es könnte vielleicht auf einen
italienischen Namen Vinuccio zurückgehen, oder soll es
etwa venustus sein?

Schmelcher, Schmeller kommt von Schmelche, Schmelle,
Schmiele, einer Art Gras, das dünn und langhalmig ist und
zu Flechtwerk verwendet wird, wie das spanische esparto,
so dass der Name unseres unvergesslichen Germanisten
in seinem lieben Spanisch eigentlich mit Espartero wieder-
zugeben wäre.

Schöpf, niederdeutsch Schöppe, nach dem älteren
Gerichtsverfahren ein beisitzender Urtheilssprecher. Scof,

scopf aber heisst ahd. der Dichter (von schaffen) und wie es manchen Schopf gibt, so gibt es auch in Bayern manchen Schöffel, in Schwaben manchen Schaufele, Scheufele und in Karlsruhe einen Scheffel, den Verfasser des Eckehart und anderer berühmter Dichtungen, welchen man ohne Zweifel den hieländischen Schöffeln gleichstellen darf, so dass sein Name, jedenfalls mit mehr Recht als der seiner unpoetischen bayerischen Namensvettern, aus dem ahd. Scof abgeleitet werden kann. (Oder sollte er doch ein verkleinerter Schöffe sein?)

Schopenhauer, etwa gar Haro, S. des Scopo?

Schröder (auch Schroder, niederdeutsch Schrader) leitet sich vom alten schroten, schneiden her und bedeutet eben so viel als Schneider.

Unser Schubert klingt so nahe an franz. Joubert und ital. Gioberti hin, dass man fast auf Einwanderung schliessen sollte, allein dieser Schluss wäre falsch. Im Mittelalter hiess nämlich der Schuhmacher auch Schuchworcht, Schuhwürk, und daraus wurde allmählich Schubert, Schauppert, Schuffert, Schauffert. Ein zweites Wort dafür war Sutor, der Näher, woraus jetzt auch Sauter nnd Seuter. Unser Schuster ist nur aus Schuhsuter zusammengezogen.

Jene Vilmar'sche Erklärung (s. auch Schmeller III. 341) von Schubert, Schauffert scheint sehr annehmbar, allein da doch einmal ein uraltes scog oder scoch (s. S. 72) in unsre Namen hereinragt, so darf man sich immerhin umsehen, ob nicht noch andre dazu gehörige Formen als Schoch und Schuchmann vorhanden sind. Wir versuchen folgende Aufstellung, welche übrigens die Vilmar'sche Erklärung nicht beseitigen, sondern nur darthun soll, dass Schubert, Schauffert eine doppelte Deutung zulassen. Es ist dabei das althochdeutsche scoch zu Grunde gelegt. Also Scocho: Schoch, Schock, Schuch, Schuck, Schöck, Schickl, Schichtl, Schiegl, Schick, Scheich; Scochiso = Schaux (M.); Scochilo = Schaul (?); Scochbalt = Schobelt; Scochbero = Schober, Schauber, Schöberlein; Scochbert, —pert = Schobert, Schubart, Schubert, Schuppert, Schaubert, Schauppert, Schippert; Schaub, Schupp, Schaupp, Schopp, Schübel, Schiebel, Schippel, Scheuppel, Schöppel, Scheibl, Scheib; Scochdeo = Schudt, Schaut, Scheutle, Scheitle, Scheit, Schiedt. (An Schiedt hängen sich übrigens unsre Schieder, Schiedermaier an.) Scochfrid = Schuffert, Schauffert, Schoffer (vgl. S. 96). Schufft; Scochhart = Schuchart, Schuckert, Schickert, Schackert (?); Scochmar = Schomer, Schumm, Schaum (vgl. S. 72), Schimmel (?); Scochrat = Schauroth (?); Scochrich = ganz deutlich Herr Schurich, Buchdruckereibesitzer in München; Scochwin = Schuhwein. Und was ist Schuegraf oder Schuhkraft (St.)? Etwa Crafto, S. des Scocho? Hier gibt's noch allerlei Zweifel zu lösen, wenn ein Forscher einmal die Zeit dazu findet. Von Scochdeo sollte allerdings auch ein Schott aufgestellt werden. Es ist nicht geschehen, nur um mit den demnächst folgenden Schotten in Frieden zu bleiben. Schottenhammel möchte aber doch nichts anderes sein, als Hammilo, S. des Scochdeo.

Schwegler ist benannt nach der Pfeife, der Schwegel, welche unter diesem Namen schon der gothische Ulfila kennt.

Schweier ist so viel als Schwager. Der oder die Geschwei nannte man früher eine Person, mit der man verschwägert war.

Stüber, Stöber bedeutete einen, der eine Badestube hielt.

Soll **Wallmenich** nicht etwa der Waldmünich, Waldmönch, der Einsiedler sein?

Unser **Weinzierl**, ehemals Winzuril, stammt vom lat. vinitor, ist gleichsam Vinitörl und bedeutet einen Winzer.

Wie so viele Bezeichnungen der höchsten Würden, als **Papst, Bischof, Abt, Kaiser, König, Herzog, Fürst,**

Vitzthum (Vicedominus), **Graf** unter die bürgerlichen Kreise gerathen, liesse sich wohl auch fragen — aber wer wird die Antwort geben? Theilweise mögen sie von alten Hausschilden herrühren; denn in älteren Zeiten, da der gemeine Mann noch nicht zu lesen verstand, konnten die Häuser weder durch Ziffern noch durch Aufschriften kenntlich gemacht werden. So kam es, dass man allerlei Bilder aufmalen liess, nach denen sie genannt wurden, wie dies in den Schweizerstädten noch jetzt geschieht. Aus dem Manne, der einen Papst oder Kaiser im Schilde führte, konnte allmählich wohl ein „Papst" oder „Kaiser" selber werden. So können auch Pfab, Ochs, Fuchs u. s. w. auf alte Hausschilde zurückgehen.

Sogar der Name **Pfauw, Pfab** gerieth in den Kosezug hinein, da sich auch ein **Pfautz, Pfautsch, Pfetsch** findet.

Zintgraf, Zinkgraf ist aus Centgraf entstanden. So hiess bekanntlich in alten Zeiten der Graf, der einer Cent (centena), einer Bezirksversammlung präsidirte.

In Auers „Stadtrecht von München" wird „des Reschen Haus" angeführt, „das jetzund (1691) die Kron heisst." Mit diesem Hilfsmittel lässt sich der sonst nicht leicht zu deutende Name Kroner oder Kröner (die Erzbischöfe von Mainz und Köln waren früher in Deutschland die einzigen wahren Kröner) wohl mit Sicherheit auslegen. So mögen sich denn auch Namen, wie Beiler, Ganser, Pflüger, Vogler u. dgl. von aufgemalten Bildern ableiten. Selbst Wieland, der fabelhafte Urschmid, mag als aufgemalter Handwerkspatron manchem Nachfolger zu einem bürgerlichen Namen verholfen haben.

VI.

Vierte Classe der Familiennamen.

Die vierte Gattung der Namen geht von der Herkunft der Träger, von deren Vaterland und Heimath aus. Solche Namen konnten nur in der Fremde entstehen, denn einen Bayern im Bayerlande Bayer zu heissen, mochte wohl niemand einfallen; es wäre zu viel Auszeichnung gewesen! (Aufrichtig gesagt, tritt aber doch hierzulande schon im neunten Jahrhundert hie und da ein Peigiri, Bayer, auf.) In dieser Gattung thun sich vor allem die alten Stammnamen hervor — der Bayer, der Schwab, der Frank (Rheinfrank, Saalfrank), der Sachs (Sass). Der Franke zeigt sich bei uns am liebsten im Diminutivum als Fränkel, vielleicht wegen seiner gefälligen niedlichen Art. Selbst der alte Alemanne geht noch als Allmann um. Ausserdem noch der Steyrer, der Hess, der Fries, der Holste (Holsteiner), der Thüring, letzterer meistens als Türk, Dürk (s. S. 119) — auch Türkheim, Türkenfeld sind nicht nach den Osmanen benannt, sondern nach den Thüringern. In den letzten Jahrhunderten erwarben sich die Meixner, Meissner, d. h. die Tuchhändler aus Meissen, im übrigen Deutschland viel Gewinn und viele Neider. Auch der Name der Walser, welche einst im Thale Wallis an der

Rhone wohnten und vor sechshundert Jahren als gerufene Colonisten in Graubünden und Vorarlberg einwanderten, ist im südlichen Deutschland ziemlich verbreitet. Sie dürfen aber ja nicht mit den Walchen verwechselt werden, weil sie deutschen und wahrscheinlich burgundischen Stammes sind.*) Neben den Walsern können wir auch noch der **Algäuer** (Alpgäuer) gedenken.

> Fries kann aber eben so wohl, wie S. 39 erörtert worden, eine Koseform von Friedrich sein, wie auch Hess, Höss gewiss nicht immer der Hesse, sondern sehr oft auch ein verkürztes Hezilo oder Hozzilo ist (s. S. 42).

Von den deutsch sprechenden Angränzern zeigen sich der **Schweizer**, der **Elsässer**, der **Flemisch** (Flamänder), der **Holländer** u. s. w.

Von den nicht deutschen Nachbarn findet sich häufig der **Böhm, Böheim**, der **Reuss** (was aber auch von Ruzzo kommen mag) und der **Unger**, seltener der **Wind, Windisch, Windischmann** oder **Wend**. Ein Franzos, Italiener, Spanier kommt nicht vor; sie alle deckt der Name **Wahl, Walch** oder **Wälsch**. **Lampart** ist der Lombarde. Ob unsere **Büller, Püller, Biller, Piller** nur verkappte Namens-

---

*) Um mehrfachen Anfragen über die Deutung des eigenen Namens zu begegnen, erlaubt sich der Verfasser zu bemerken, dass dieser im vorarlbergischen Montavon zu Hause ist, dort früher als Stöw vorkam, jetzt Stey geschrieben und Stein gedeutet wird. Einer des Namens, der vor langer Zeit nach Schwaben auswanderte, hielt für besser, sich Steuw zu schreiben, woraus dann später Steub wurde. Da die Montavoner deutschen Namens meist Walser, d. h. Einwandrer aus dem burgundischen Wallis sind, so nimmt auch der Verfasser solche Abkunft in Anspruch und gibt sich mitunter in guten Stunden für einen Burgunder aus.

vettern der Büchler, Pichler oder ehemals aus Pülle (d. h. Apulien oder überhaupt nach mittelhochdeutscher Geltung Unteritalien) eingewandert sind, mag hier dahingestellt bleiben. Der Lampart und der Püller stünden übrigens ganz gut neben einander.

Jedenfalls ist **Millbiller** nicht, wie **Pott** meint, einer der Mühlsteine schärft, sondern nach den Freiheiten, welche sich die Bajuvaren von jeher in der Schreibung ihrer Namen genommen haben, ein **Mühlbühler**. (Ein Mühlbühel findet sich auch bei Brixlegg und geniesst man dort einer sehr schönen Aussicht). Was die Franzosen betrifft, so wurden sie aber mhd. die Franzen genannt und daher unsre Familiennamen **Franz, Franzelin, Frenzel, Frenz.** Nach Analogie von Nazo $=$ Nanzo (s. S. 45) darf man wohl auch **Fraaz, Fraas, Frasch, Fressl** hieher ziehen.

Nicht selten ist auch der Schott, der Schöttl. Die schottischen und irischen Benedictiner verpflanzten sich seit dem zwölften Jahrhundert gerne nach Deutschland und errichteten dort mehrere Klöster, welche zugleich als Herbergen für ihre nach dem heiligen Lande wallenden Landsleute dienten. Im dreizehnten Jahrhundert bestanden bereits fünfzehn solcher Anstalten, welche eine Congregation bildeten, deren Präses der Abt des Schottenklosters zu Regensburg war. Von diesen ehrwürdigen Vätern stammen übrigens die Familien jenes Namens nicht ab, sondern sie verdanken ihren Ursprung den zahlreichen weltlichen Schotten, welche im Mittelalter, gleich den Lombarden und Kawerzen (den Leuten aus Cahors), als Krämer und Hausirer durch unsre Gauen zogen.

Bemerkenswerth ist, dass sich auch der mittelalterliche Name des Saracenen, nämlich Sers, Serz noch erhalten hat. Ihm zur Seite stellen sich der **Mohr** und der **Heid**, die aber auch andere Deutung zulassen (s. S. 61

und 101). Selbst der Hunn (Hünn, Hin, Haun) geistert noch hie und da.

Viel zahlreicher als die Namen, welche vom Vaterland ausgehen, sind jene, welche den Geburtsort festhalten. Insofern sie hauptsächlich aus Dorf- und Einödenamen hervorgewachsen sind, weisen sie auch hauptsächlich nach, dass der Eponymus des Geschlechts ein Landmann gewesen. Es zeigt sich dabei, mit welcher Kraft und welchem Erfolg das Landvolk seit vielen Jahrhunderten sich in unsere Städte gedrängt, und wie unendlich viel gesundes Bauernblut jetzt durch die Adern unserer gebildeten Stände rollt, ohne dass man es ihren Manieren nach denken sollte. Wer kennt nicht die Auer, Bergheimer, Cammerloher, Dettenhofer, Eisenberger, Frauendorfer, Gampenrieder, Haushofer, Jägerhuber, Kaltenmooser, Lechleitner und so viele hundert andere?

Für alle jene Herren Auer und von Auer, welchen der Ursprung aus der grünen Au zu alltäglich scheinen möchte, bietet sich noch eine andre stattliche Etymologie. Das gewaltigste einheimische Thier, der Ur, gab nämlich, wie Förstemann sagt, auch für die Namen als Sinnbild der Grösse und Stärke ein passendes und häufiges Element ab. So findet sich Urhard, Urold (wovon Aurolzmünster, ehemaliges Kloster im Innviertel) und Urolf, wie im neunten Jahrhundert ein Abt von Benedictbeuern hiess. Diese Namen zwar haben sich verloren, aber Urschall = Urschalk kommt jetzt noch vor. Die abgekürzte Form Uro musste aber nothwendig zu Auer werden. Verkleinert findet sie sich zu Bozen als Eyerl, in München als Aierl, vielleicht auch als Ihrl, wenn dieses nicht von Erhard kommt. Urico = Urich, sehr empfeh-

lenswerthes Weinhaus in Hall bei Innsbruck. Urizo
könnte etwa Yrsch, Irschl und Eirisch erklären. Urlaub
= Liubo, S. des Uro.

Sollte dies Uro nicht auch das sehr dunkle, bei Förstemann achtmal vorkommende Cancuro erläutern? Da man
einen Gang-wolf bildete, könnte man ja auch einen Gang-ur
gebildet haben.

Das endende —sauer, das mitunter vorkommt, könnte
glauben lassen, dass die betreffenden Namen mit dem Adjectiv
sauer zusammengesetzt seien, allein die Helmsauer, Hilsensauer,
Wensauer stammen von Helmsau, Hilsensau, Wensau und in
diesen Ortsnamen selbst ist Au mit Helmo = Helmbrecht, Hilso
= Hildebert, Wenno = Werner zusammengesetzt.

Allerdings sind gar manche jener Namen zur Zeit
noch nicht hinlänglich aufgeklärt, allein eine Wendung
nach dieser Seite hin würde uns in das unermessliche
Gebiet der Ortsnamendeutung hineinführen, wo kein Ende
mehr abzusehen wäre. Freilich böte es grossen Reiz, die
Sätze, die wir oben aufgestellt, auch auf diesem Felde
zu verwerthen, allein es fehlt Zeit und Raum dazu.
Wir geben daher nur einige sporadische Bemerkungen
über hieländische Namen, die eine Erklärung ansprechen,
verweisen aber im übrigen auf Förstemann's Altdeutsches Namenbuch, dessen zweiter Band die Ortsnamen
enthält und auf desselben Werk über „Die deutschen Ortsnamen" (Nordhausen 1863).

Besonders ehrwürdig für Jagdliebhaber müssen jene
Namen sein, welche noch an die grossen, halbmythischen
Urthiere unserer alten deutschen Wälder mahnen. Die
Ellwanger stammen von Ellwangen, welches ein Anden-
ken an den riesigen Elch, das Elenthier, bewahrt und
eigentlich Elensfeld bedeutet. Davon auch bayerische

Ortsnamen wie Elchenberg, Elchenbach und Ellbach, das Dorf im schönen Thale der Leizach (Liuzinaha, Kleinbach) bei Schliersee, und davon wieder der Familienname Ellepeck.

Bei Ellbach auch ein Aurach, Denkmal des andern oben erwähnten vorzeitlichen Thiers, des Urs oder Auerochsen. Davon der Familienname Auracher. So auch Auerbach. Aurweck ist entweder Auerbeck = Auerbacher, oder Urwig = Kampf mit dem Auerochsen. Des Urs nächster Vetter war der Wisent, der Büffel, dessen Name schon ein Gothe Wisandos bei Procopius und jetzt noch (auch als Wisand, Wisnet, Wissend) mancher Bayer führt. Zu München finden sich Elendschneider und Wessanschneid als Familiennamen; in Winterthur ein Wiesendanger = Wisent-Anger. Ein drittes Thier der Vorzeit, das neuerdings F. Pfeiffer in der Germania ausführlich behandelt und bildlich dargestellt, ist der Schelch, der Riesenhirsch, der in den Familiennamen Schellhorn und Schellkopf sich verewigt hat. Nach ihm sind auch die zahlreichen Schellenberge benannt.

Nach einer andern Meinung sind diese aber schallende Berge d. h. Berge, wo das Echo schallt, und nach einer dritten steckt in Schellen das alte skeljo, Hengst.

Der jetzige Familienname Schelch ist aber sicherlich auch ein alter Mannsname gewesen. Das heutige Schell wird = Schelch sein, wie Schall und Voll = Schalk und Volk sind. Darnach wäre Schelling = Schelching wie Schmeller = Schmelcher ist. Ein koseförmiges Schelzo musste Schelz und Schels geben, was auch vorhanden. **Schelpert, Schelbert, Schelb** sind = Schelchpert. **Schelf** vertritt Schelchfrid und Scheld wahrscheinlich Schelchdeo. **Schelliger** = Schelchger. **Schelhar, Schelhass, Schelsan** mögen Haro, Hazzo, Anno, S. des Schelcho, Schelzo bedeuten. In den Urkunden findet sich allerdings keine Spur von diesem Stamme.

Es gibt sehr viele Namen in —horn, die aber in verschiedene Categorien auszuscheiden sind. **Boxhorn, Hirschhorn, Ziegenhorn, Schellhorn** werden bei ihrer buchstäblichen Bedeutung zu belassen sein. Schellhorn wäre zwar nach anderer Meinung so viel als Schallhorn, allein dagegen spricht das in Bayern vorkommende **Schelkshorn** und **Schelshorn**. Zu Schellhorn bieten Pott und Vilmar auch ein Gellhorn, welches sie, wie jenes, zu den Blasinstrumenten rechnen.

Blankenhorn, Silberhorn, Weissenhorn (wenn dieses nicht der Stadtname) könnten von ehemaligen Hausschilden herrühren.

Nun bleiben aber noch viele übrig, in deren —horn ein Name stecken wird. Ein ahd. Horno findet sich zwar nicht, allein es lässt sich aus Hornung, welches vorkommt und altnordisch filius servilis bedeutet, unbedenklich abziehen. Für sein ehemaliges Dasein zeugt der jetzt nicht seltene Name **Horn, Hörndl,** dann **Hornik, Horneck, Hornig, Hornikel, Hornigel** und **Hierneis, Hörnes** = Hornizo. Darnach wären denn **Ballhorn, Buschhorn, Dannhorn, Ditthorn, Einhorn, Engelhorn, Ganghorn, Helfershorn, Löschhorn, Mehlhorn, Seltenhorn, Siebenhorn, Tribelhorn, Uhlhorn** so viel als Horno, S. des Baldo, Buso, Tanno (Tagano), Tito (Thiudo), Egino, Angilo, Gango, Helfo (Helfrich), Lozzo, Megilo, Salideo, Sibo, Trubilo, Udilo. Da

aber altes Karo jetzt öfter als Korn auftritt, wie in Kornbrust, Korntheuer u. s. w., so könnte jenes Horn gleichwohl auch Haro sein. Hornschuh würde sich hienach
als Harinscoch, Heldenpfeil deuten (s. S. 136). Zu Seltenhorn mag noch Seltenhahn und Seltenreich gestellt
werden, Hagano, Richo, S. des Salideo.

Viele Namen erinnern noch an den Baum, in dessen
Schatten der Urvater seine Hütte oder seinen Hof erbaute.
So Buchner, Fichtner, Lindner, Larcher, Tanner, der
Mann vom Buchen-, Fichten-, Linden-, Lärchen-, Tan-
nenhof.

Eine bajuvarische Eigenthümlichkeit ist es, dass z. B.
der Einwohner von Miesbach früher nicht der Miesbacher
hiess, sondern der Miesbeck. (Nach heutigem Sprach-
gebrauch der Miesbecker.) So sagte man auch früher
nicht der Wittelsbacher, sondern der Wittelsbeck. Unsere
Arnbeck, Kohlbeck, Griesenbeck sind daher leicht zu erklären als Bewohner von Arnbach u. s. w. Die Schreibung wechselt natürlich in —bäck, —beck und —böck,
päck, peck und pöck. Lotzbeck heisst aber demnach so
viel als Ludwigsbacher, Deisböck ist = Dietrichsbacher,
Reischenbeck = Richardsbacher, Virlböck = Fergen-
bacher und Waitzenböck = Wighardsbacher. Birnböck
ist wohl = Bärenbacher (vgl. S. 94). Uebrigens sagen
wir auch der Bäck (Beck, Böck), wie der Schenk, der
Bräu, nicht der Bäcker, und diese Form, die jetzt auch
in Bayern vorkommt, scheint nur eingewandert zu sein.

Alle die Eder, die jetzt in den gebildeten Städten
und den nahrhaften Marktflecken mit uns behaglich zu-
sammenwohnen, die Hocheder, Obereder, Mittereder, Nie-
dereder, Haumeder (Humo), Hauzeneder (Huzo) u. s. w.

sind eigentlich die Söhne der Oede, der Einöde (s. S. 85),
und man darf daher bei Namen wie Engleder, Herleder,
Lückleder, Schlüssleder, Steigleder, Wendleder beileibe nicht
an Leder denken. Hemeter (Heimöder), Schlageter, Weileter
u. s. w. scheinen nur unrichtige Schreibung. Trumeter
dagegen ist mittelhochdeutsch der Trompeter. Die — söder
sind einzelweise darauf verfallen, sich in — sieder umzu-
wandeln, wie die Geisselsieder, Hutzelsieder, letzere kaum
zu ihrem Vortheile. Hutzelsieder ist nämlich einer, der
gedörrte Birnen siedet, während der Name doch eigentlich viel würdiger sich von Hugibrechtsöd ableiten lässt,
was an gedankenglänzende Waldeinsamkeit erinnert. In
Nürnberg auch ein Kantensieter = Kantensöder, in dessen
erster Hälfte der Name unsers grossen Philosophen zu
stecken scheint (vgl. S. 101).

Empfenzeder, Lempenzeder — zwei uralte bayerische
Namen — ersterer von Ampho = Aginfrid, der schon
im achten Jahrhundert bei Meichelbeck und jetzt noch
in Ortsnamen wie Ampfing, Empfing, auch in Castel
d'Anfo am Idrosee vorkommt, letzterer von Lampo =
Landpert. Beide stehen im Genitiv — Amfines-, Lam-
pinesöd.

Im Augsburger Adressbuch finden sich Manzeneder
und Manznetter neben einander und ohne Zweifel ist
das zweite dasselbe was das erste. In München auch
Obernetter, Panzetter, in Salzburg Scharfetter, in Stuttgart Scharfetter und Schaffetter, in Karlsruhe Mosetter,
ursprünglich wohl lauter Bajuvaren, die ihr —öder nicht
mehr verstanden haben. Ebenso Eppeneter in Darmstadt
von Eppenöd, Oede des Eppo, Eberhard, oder eppe net?
(bayerisch für: etwa nicht?)

Die **Kemeter, Kemetter** dagegen sind keine Kemöder, sondern haben, wie die Kinader, ihren Ursprung in einer Kemenate. Kemenate aber, romanisch caminata, war eigentlich eine mit Kamin versehene d. h. heizbare Stube und wurde dann zum Ortsnamen wie ja auch Stuben z. B. am Arlberg als solcher vorkommt. Das stille Dörflein, an dessen Stelle später (1665) das Lustschloss Nymphenburg erbaut worden, führte ehemals jenen Namen. Er kömmt auch sonst vor, namentlich als Stadt Kemnath in der Oberpfalz, als Kemoden u. s. w. Ob aber die **Kemptner, Kempter** alle von Kempten oder theilweise aus den verschiedenen Kemenaten herstammen, dürften sie wohl selbst am besten wissen.

Enthofer, Entleutner, Entmooser, Entstrasser bedeutet enet, jenseits des Hofes, der Leite u. s. w. hausend. Für enet steht auch enne, wie in dem tirolischen Enneberg und in **Ennemooser.** Ebenso findet sich Em— und En—, wie in **Embacher, Emberger, Enhuber.** Oder soll die Enhube die Hube des Egino, Egno, Enno sein?

Unsere —hammer, die mancherlei **Frosch-, Forch, Moos-, Haus-, Holz-, Schell-, Thal-, Rothhammer** u. s. w. stehen dem eigentlichen Hammer und den Hammerwerken nicht nur ganz fern, sondern sind ursprünglich Frosch-, Forch-, Moos-, Haus-, Holz-, Schelch-, Thal-, Rothheimer. Uebrigens lautet auch das englische home in Ortsnamen ham, und so trifft es sich, dass mehrere oberbayerische, sonst sehr obscure Oertchen mit berühmten britischen Namen buchstäblich zusammenfallen, wie z. B. Durham, Graham u. s. w.

Hie und da ist das h ausgefallen, wie in Vollkammer, Bergkammer, Herkommer, Hexamer (von Hagigis?),

und dann in den fränkischen Formen Bullemer, Hege-
mer, Leidemer, Reinemer, Rügamer, Rügemer, Rüg-
mer u. s. w. Reitsamer und Ulsamer sind Reizheimer
und Ulzheimer, Attensamer ist Attensheimer, von Attens-
heim — Heimath des Atto, und Tuffensamer ist Tuffens-
heimer und die erste Hälfte des Namens ist der Genitiv
von Tuffo = Thiudfrid. Auch Breitsammeter hat wohl
nichts mit breitem Sammet zu thun, sondern ist eher
ein Brechtsheimöder.

Die Hofer sind uns vollkommen klar als Leute, die
von einem Hofe den Namen tragen; nur Pott kommt
(S. 63) auf die seltsame Idee, es sei in Andreas Hofer
aller Wahrscheinlichkeit nach das schwäbische Hofer
(Höcker, gibbus) zu suchen, eine Meinung, die in Tirol
nur üblen Eindruck machen wird, da der vielverkannte
Heros wenigstens nicht an einem Leibesfehler gelitten hat.

Lehner, Lechner ist der Besitzer eines Lehengutes;
Loher, Lohner, Lochner aber stammt von Loh = Hain
(lucus). (Davon auch Hesselloh, Hain des Hezilo, und
das Löhel, Lehel bei München.) Ebenso Bernlohner,
Kammerloher, Eisenloher, Eschenloher. Oft ist jenes Loh
zu —lach geworden, so in Perlach bei München, urk.
Peraloh, Bärenhain (in welch ängstlicher Nähe uns da-
mals die Bären hausten?), Pullach, urk. Pohloh, Buchen-
hain, Allach, urk. Ahaloh, Wasserhain. Darnach auch
Familiennamen, wie Baierlacher, Bernlacher u. s. w. In
Schwaben steht dafür öfter —lauer, wie Eisenlauer,
Gerstenlauer, Heckenlauer. (Loh des Isengrim, Gerzo,
Hecco.)

Die Obwexer sind aus Tirol, wo Ob Wegs als Ortsname nicht selten ist. Dasselbe bedeutet der ladinische

Name Soratroy — sor a troi — über dem Weg, der auch schon nach Bayern gewandert.

Pflaum (Pflum) scheint nicht von der Baumfrucht zu kommen, sondern ein Ortsname zu sein. Mittelhochdeutsch galt nämlich auch Pflum, Pflaum, d. h. das lat. flumen, für Fluss. Daher St. Veit am Flaum, der deutsche Name von Fiume. Pflumer, Pflaumer ist also ein Name wie Bacher und bedeutet den Anwohner eines Flusses. Und wie man früher „zu den Bachern, zu den Hardern“ sagte, woraus die jetzigen Ortsnamen Bachern, Hadern entstanden, ebenso ist aus „zu den Pflumern“ der Orts- und Familienname Pflummern hervorgegangen. Pflaumlacher (M.) entspringt einer Verbindung von Pflum und Loh.

Unsere zahlreichen Reiter, einfach oder in verschiedenen Zusammensetzungen, als Neu-, Hof-, Buch-, Resch- (Razzo), Hast-(Hazzo), Halbreiter, Frauenreiter, Oberreiter, Niederreiter u. s. w., sind keine Reiter zu Pferd, sondern leiten sich alle von Reut ab, was anderwärts Rode heisst; davon Gereut, dann Greut (daher auch Greuter, el famoso), oder falsch geschrieben Kreut, das berühmte Bad, und schweizerisch Grütli, was bayerisch Greutel wäre. Nur die Ueberreiter bleiben unerschüttert; sie waren ehemals, was jetzt die reitenden Gensdarmen sind. Die Margreiter aber sind weder Mark-reuter noch Mark-reiter, sondern stammen aus dem südtirolischen Dorfe Margreit, wo die guten Weine wachsen und die gastfreundlichen Leute wohnen. Die Abstreiter endlich sind gewiss keine Ab-streiter, sondern stammen von Abstreit, einem Weiler bei Traunstein, der aber eben nicht so, sondern Abtsreut geschrieben werden sollte, weil der Name irgend einen

wohlwollenden Prälaten verewigt, der hier einst den Urwald roden liess.

Die Standesgenossen der Reiter sind, so zu sagen,
die Schwendner, deren Name jetzt noch meldet, dass sie
in alten Zeiten den Urwald abgeschwendet. Gschwendner
dagegen sind jene, welche das fertige Gschwend besetz-
ten und bewohnten.

Das in Altbayern häufige, auch in der Schweiz vorkommende Seon ist ein alter Dativ Plural ·von See. Gegen
den Lech zu schreibt man Soyen (Bayer-Soyen, Schwab-
Soyen), woher der Familienname Soyer, dem anderwärts
ein Sewer, Seber entspricht.

Tautphöus — eigentlich wohl Tautphe-ius — nicht
von dem griechischen $Ταυτοποιός$, sondern von dem Dorf
Tautphe in Oberhessen.

Werd hiess in früheren Zeiten ein Eiland, eine Insel.
Daher Wörth, Donauwörth u. a. Hesselschwerth ist also
= Eiland des Hezilo, Schönwerth = Schöneiland. Jener
Werther, derselbe, der einst Werthers Leiden erlitten,
war daher eigentlich ein Eiländer oder Insulaner. Im
Uebrigen laufen die Namen in —werth, —wart und
—wirth gar schlimm durch einander und es ist nicht
leicht, sie auch nur leidlich zu sondern. Der ahd. Name
Adelwart florirt z. B. noch in alter Form zu München,
gleich daneben steht aber das offenbar identische Adl-
werth, in welchem also —werth sicherlich keine Insel
bedeutet. Dazu kommt nun als dritte Form noch Edel-
wirth, in welchem —wirth auch sicherlich kein caupo.
Ebensowenig in Ehrenwirth, welches weder aus Wirth
noch aus Ehre zu erklären, sondern ein ahd. Arinwart
ist und einen, der des Adlers wartet, zu bedeuten hat.

Auch **Pernwerth** ist keine Bäreninsel, sondern das alte
Berinwart. Neben Pernwerth findet sich aber auch Bier-
wirth — in Oberdeutschland, wie es scheint, selten, in
der Stadt Hannover 10mal — was meines Erachtens das
gleiche ist (s. S. 94). Jungwirth und Rosenwirth dagegen mögen wirkliche Wirthe sein. Liebwerth und
Mehrwerth, in Stuttgart Meerwarth, sind ahd. Liubwart
und Marahwart (Rossewart). Seywerd = Sigwart. Viel-
werth vielleicht Volkwart?

VII.

Schlusswort.

Um die etymologischen Saiten, die so mächtig angeschlagen worden, ruhig ausklingen zu lassen, gedenken wir noch einige Betrachtungen anzustellen, welche mit der Sache, die wir bisher behandelt, mehr oder weniger zusammenhängen.

Namenforschung zu betreiben ist in Bayern kein ganz neues Unternehmen. Schon vor dreihundert Jahren hat Vater Aventin auf diesem Felde einen Versuch gewagt, doch sind ihm wenige Erklärungen gelungen. Die Bedeutung so vieler Wortstämme war damals noch tief vergraben und es ist daher nicht zu wundern, dass der Vater der bayerischen Geschichte so vielfach irre ging. Win (Freund) nimmt er z. B. für Wein, Winfrid ist nach ihm einer, der beim Weine friedlich ist, Alberwein (soll wahrscheinlich Alboin, Elfenfreund, verdeutschen) ist „ein grosser Herr, der allweg Wein zu trinken hat.“ Ariovist erklärt er mit Ehrenfest, eine Deutung, die bekanntlich lange nachgehalten hat, während die neuere Philologie jenen Namen als Hariovist = Heerweiser, Heerführer erklärt. Bert, glänzend, gilt ihm für werth und Bertha ist daher die werthe. Hugibert (Gedankenglanz) übersetzt er aber doch mit „Hautprecht, einer, der sich wehrt (dies scheint er in bert zu finden) und um sich haut." Diez erklärt er aus Thuets und dies „aus den gemeinen Sprüchen der Bayern: wie geht's, wie thuet's?"

Zum weiteren Nachweis, dass schon mehrere vernünftige Leute sich mit Erklärung der Eigennamen beschäftigt, wäre auch der allgemein bekannte Dr. Martin Luther anzuführen, welcher ebenfalls ein kleines niedliches Büchlein darüber herausgegeben hat. Er ist nicht viel glücklicher, als sein vorerwähnter Zeitgenosse, mit dem er übrigens selten zusammentrifft. Rudolf z. B. ist nach Aventin einer, der sich nach Ruhe sehnt, Luther aber erklärt es als Rathulf, einer, der durch guten Rath hilft. Win bringt Luther nicht mit Wein, sondern mit gewinnen in Verbindung und Alboin, Allwin ist ihm daher einer, der alles gewinnt. Was Vercingetorix betrifft, so behauptet er, Cäsar habe diesen ganz richtig Hertog Hinrich (Herzog Heinrich) genannt, aber die Abschreiber hätten die Buchstaben versetzt und den Namen verdorben.

So verfehlt uns diese und andre solche Deutungeu jetzo erscheinen, so kam man doch auf diesem Felde nicht viel weiter, ehe nicht Jakob Grimm eine neue Lehre aufstellte und der Forschung die neue Richtung gab. Hätten Luther und Aventin diese erlebt, so hätten sie sich der Führung wohl sicherlich mit ganzem Herzen angeschlossen, nicht wie so mancher nativistische Forscher auf eigene Faust weiter gearbeitet, ohne dabei Ehre für sich oder Nutzen für die Wissenschaft zu erringen.

Diese unsere deutschen Namen erklingen jetzt noch in weiten Landen, wo längst kein deutsches Wort mehr

schallt. Die Longobarden brachten sie vor langen Tagen
nach Italien, die Franken nach Gallien, die Westgothen
nach Spanien und die Vandalen nach Carthago. Der
deutsche Seefahrer, der von Rügen und Bornholm, von
Island oder andern kühlen Inseln kam, fand dort im
heissen Afrika wieder seinen wohlbekannten Geiserich,
Guntherich und Hilderich. Namentlich ist uns die No-
menclatur unserer südlichen Nachbarn viele Bereicherung
schuldig geworden. Im Gebiete der Namengebung zeig-
ten die Römer überhaupt keine besonderen Anlagen.
Gegenüber den idealen Schöpfungen der Griechen und
Germanen steht ihr Fabius oder Cicero, ihr Bohnen- oder
Kichermann, ihr Niger, Rufus, Calvus, Crassus, Naso,
Brutus sehr prosaisch und werktäglich vor unsern Augen.
Um ihre Kinder zu benennen, fiel ihnen oft kein anderer
Ausweg ein, als sie durch Zahlen zu unterscheiden. Den
fünftgebornen nannten sie Quintus, den sechsten Sextus.
Der „seme puramente latino", der reinlateinische Samen,
würde sich mit lauter altgebackenen Curiern, Furiern und
Spuriern langweilen müssen, wenn nicht die longobardi-
schen Namen, die noch immer in anmuthiger Jugend-
frische glänzen, wenn nicht die Bertaldi (Berthold), Grimaldi (Grimwald), Inghirami (Ingram)*), Rambaldi (Rein-

---

*) Von Ingram lässt sich nur die zweite Hälfte erklären (ram
= Rabe), was ing bedeutet, ist unenträthselt. Im zwölften Jahrhundert kommt der Name auch in Bayern öfter vor. Die Scheftlarer Urkunden aus jener Zeit erwähnen einen Ingram von Hart-
kirchen bei Starenberg und einen andern von Piesenkam bei
Miesbach. In Bozen hausen jetzt Freiherrn von Ingram, in München lebt ein Ingerl und ein Ingerle, letzterer ein bekannter
Lehrer und Schriftsteller.

bold), Rinaldi (Reinold), Sismondi (Sigismund), Tibaldi
(Diepold) und so viele andere einige Abwechslung unter
jene Mumien gebracht hätten. Selbst der grosse Dante
führte einen deutschen Familiennamen, nämlich Alighieri,
Adelger, wie auch der mythische Bayernherzog heisst,
der einst den römischen König Severus am Haselbrunnen
bei Brixen auf das Haupt geschlagen. Eigenthümlich
ist es ferner und hat vielleicht einen tiefen Grund, dass
der gefeierte Held, der die neue, hoffentlich recht segens-
reiche Aera der schönen Halbinsel eingeweiht, nicht Ro-
mulus oder Remus heisst, sondern denselben Namen
trägt, wie der Agilolfinger und Herzog Garibald, der an
der Quelle und dem Ursprung der bayerischen Geschichte
steht. Und Umberto, wie der italische Thronfolger getauft wurde, erklärt sich auch nur aus dem deutschen
Humbert = Hunnenglanz. — Ebenso reichlich sind wir
in Frankreich vertreten. Die Bernard, Eynard (Eginhard), Isnard (Eisenhard), Evrard (Eberhard), Gerard
(Gerhard), Gontard (Gundhart), Thierry (Dietrich), die
Gautier (Walter), Goffard (Wolfhart), Gueroult (Wer-
hold), Raimbault (Reinbold), Reignault (Reinold), Thi-
baut (Diepold) und viele andre erinnern uns noch an die
alte Brüderschaft. Unser Reginhard, Reinhard hat in
der französischen Jägersprache das romanische volpe ver-
drängt und ist geradezu Bezeichnung für den schlauen
Fuchs geworden. Und selbst aus der iberischen Halbinsel klingen noch alte westgothische Namen herüber,
die erst in Deutschland wieder erklärt worden sind, da
den Spaniern das Verständniss derselben längst verloren gegangen ist. Der gefeiertste Kriegsheld dieser
Nation, Gonsalvo von Cordova, el gran capitano, trug

einen deutschen Namen.*) Ugarte, Iriarte sind nach
Pott aus Hughart und Erhart hervorgegangen. Recalde,
Recarte sind unser Reicholt und Reichart; ja selbst unser
Possart tritt in Spanien als Posarte wieder auf. Auch
der in so vielen Novellen und Balladen verwendete
Rodrigo ist ein deutscher Rodrich, Ruhmreich; Guzman
ist Gotesmann, Ferdinand = Fridinand erklärt sich als
Friedekühn. Ildefons, zu deutsch Hildefuns, später Al-
fonso, Alonso, deutet sich als schlachtbereit u. s. w.

Ueber das bayerische Namenwesen wollen wir noch
anmerken, dass unter den Tassilonen und den Karolingern
eine zahlreiche Menge deutscher Namen im Gebrauche
war, darunter auch manche schwer zu deutende und
viele längst verschollene. Die Auswahl war übrigens so
gross, dass in den Urkunden, wenn auch zehn oder zwanzig
Zeugen aufgeführt sind, ein und derselbe Name nur selten
mehrmal vorkommt. Es ist gerade, als ob damals keiner
einen Namen haben sollte, den in der Gemeinde auch
ein andrer trug. Wenige Jahrhunderte darnach, in den
ersten Zeiten der Wittelsbacher, hatte sich aber diese
Fülle ganz verloren. Ritter, Bürger und Bauern theilten
sich damals in verhältnissmässig wenige, ungefähr zwanzig bis dreissig Namen, die meist jetzt noch in Uebung
sind, als Arnold, Bernhard, Berthold, Dietrich, Eberhard,
Gotfrid, Heinrich, Konrad, Markwart, Otto, Sigfrid, Ulrich u. dgl. Karl, Lothar und Ludwig finden sich sehr

---

*) Allerdings ist nur gon ganz klar, nämlich das deutsche
gund = Kampf. Ueber salvo siehe Diez, Grammatik der romanischen Sprachen. I. 305.

selten, wie aus lange nachgeschleppter Abneigung gegen
die alte Karolingische Herrschaft. Kirchliche Namen,
d. h. hebräisch-griechisch-lateinische, schleichen sich nur
allmälich ein, zuerst Johannes und Georg, ersterer des
Heilands Lieblingsschüler, letzterer Schutzpatron des
Ritterstandes und siegreicher Drachentödter. Die ersten
bayerischen Herzoge, welche solche Namen führten, waren
Stephan und Johann, um die Mitte des vierzehnten Jahrhunderts, der erste römische Kaiser bekanntlich erst
Maximilian. Nach der Reformation wurde die Hebraisir-
ung ins grosse getrieben und statt der herrlichen alten
Schlacht- und Siegesmale der Germanen drangen nun die
asiatischen Judennamen herein, wie Josef, Johann, Jakob,
Mathias, die jetzt als Seppel, Hansel, Jakel, Hiesel durch
die bayerischen Felder und Wälder hallen. Es ist überhaupt ein tragikomischer Zug in unsrer christlichen Cultur,
dass wir den Juden all ihre bedenklichen Geschichten,
Sinnsprüche, Weisheitsregeln, das Beste ihrer Religion,
ihre Namen, ihre Heiligen und sogar unsern Erlöser ab-
borgten und sie zum Danke dafür doch immer schunden,
hingen und brieten. Die Geschichten Dietrichs von Bern,
Karls des Grossen, Otto des Grossen, von Christoph
Schmid für die Jugend bearbeitet, würden mehr mora-
lische Eindrücke hinterlassen, als die unmoralischen Geschichten von König Saul, David und Salomo. Die
deutschen Kinder werden immer so erzogen, als wenn
sie recht tüchtige Juden werden sollten. Sie müssen
alle hebräischen Mythen auswendig lernen, doch von der
deutschen Vorzeit hören sie nichts!

Mit den Juden kamen aber auch die Christen zu Ehren
und der heilige Ignatius, Antonius, Pancratius, Augusti-

nus und andre nahmen neben den Hebräern so überhand,
dass es jetzt eine Seltenheit ist, wenn auf dem Lande
noch ein deutscher Taufname gefunden wird. Nur im
Augsburger Bisthum hat sich und mit vollem Rechte
St. Ulrichs Name in guter Uebung erhalten, zum Andenken an den tapfern Kriegs- und heiligen Gottesmann,
der am Lorenzitag 955 auf dem Lechfeld gegen die Un-
garn mitgekämpft. Wollte Gott, unsere Bischöfe zögen
jetzt noch alle so verständig und tapfer aus gegen alles
schädliche undeutsche Gezücht, so sich der Beute halber,
wenn auch nicht mehr mit Speer und Schwert, auf unsern unbewehrten Landmann stürzt!

Unter den gebildeten Ständen haben dagegen die
altdeutschen Namen in neuerer Zeit wieder sehr freundliche Aufnahme gefunden. Otto, Heinrich, Friedrich,
Rudolf und andre alte Kaiser- und Königsnamen, sie
dringen jetzt selbst in katholische Familien ein, die viele
Menschenalter hindurch immer an den heiligen Ignatius,
Aloysius, Xaverius festgehalten. Auch Bertha, Mathilde,
Theodolinde, die alten Königinen, sind jung wieder auf-
gestanden, doch ist zu tadeln, dass man zum Gebrauch
des schöneren Geschlechts jetzt die Männernamen durch
den Zusatz ine zu verweiblichen sucht. Es gibt heutzutage Adolfinen, Bernhardinen, Ernestinen, Gustavinen
und so das ganze Alphabet durch bis zu den Wilhel-
minen. In der Abkürzung entstehen dann die einförmigen
und charakterlosen Binen, Dinen, Finen, Linen, Minen,
Stinen u. s. w., bei denen, wie Otto Abel sagt, von
dem, was man ursprünglich in einem Namen suchte,
allerdings kaum mehr die Rede sein kann.

Unter den Geschlechtsnamen haben wir aber noch alle

erhalten, die einst in den alten Heldenliedern erklangen, Herrn Sigfrid, Gunther, Gernot (Gernet) und Giselher (Geisler), die Könige, den grimmen Hagen, Herrn Rüdiger, den edlen Markgrafen, Dietrich und Hildebrand, die Recken, selbst der König Ezzel lässt sich nicht vermissen — kurz, wenn man sie zusammenkommen liesse, man könnte die ganze Tragödie der Nibelungen aufführen mit lauter Eingebornen, die sich alle selber spielen. Neben diesen haben sich auch Niebling, Wieland, Biterolf, Ilsung und noch andre Berühmtheiten aus den Dichtungen des Mittelalters bis in unsre Zeit gerettet. Selbst die leichtsinnigen Ritterromane der Franzosen haben uns ein paar Namen eingelegt, wie Eyband (Iwain, Eibanus) und Lanzelott. Aber ein Tristan will sich nicht finden, obgleich der Ortsname Eiselsried, Landgerichts Schrobenhausen, urkundlich Isoldesried, eine Erinnerung an seine Ameie bewahrt. Uebrigens ist bekannt, wie sehr beliebt die Namen aus dem Kreis der Tafelrunde, die Parceval, Wigalois, Gamuret, Gramoflanz u. s. w. früher bei dem bayerischen Adel gewesen sind. Wiguleus d. i. Wigalois d. i. Guy (Guido, wovon dann wieder Guizot), der Walliser, war ja auch ein Taufname unsres ehemaligen Gesetzgebers, des Freiherrn von Kreittmayr.

Auch unsre Ortsnamen gehören zu den ältesten und echtesten, gewiss auch zu den klarsten und verständlichsten in ganz Deutschland, nur schade, dass den Topographen nicht auch ein überall gegenwärtiger Schmeller beigegeben werden kann, welcher jene hin und wieder richtig zu stellen oder vor Misshandlungen zu schützen hätte; denn die Verheerung, welche da die Feldmesser, Mappirer und Landbeschreiber anzurichten pflegen, wird täglich ärger. Wenn wir ein geographisches Handbuch von Bayern aufschlagen, so finden wir schon in den ersten Zeilen einen Weiler Abstreit bei Traunstein, der (vgl. S. 150) eigentlich Abtsreut geschrieben werden müsste, und derlei Verstösse würden sich wohl noch zu Dutzenden aufzeigen lassen. In Vorarlberg haben die Cartographen aus einem Matzonaberg (von mezzano, also Mitterberg) einen Amazonenberg gemacht. Freilich ist in vielen Fällen fraglich, wie weit man der veränderten Aussprache nachgeben darf, denn jenes Lausepelz an der schlesischen Grenze werden alle Grammatiker für den gewöhnlichen Gebrauch nicht mehr auf seinen glanzvollen Ursprung, nämlich auf Ladislai palatium, zurückzuführen vermögen.

Auch die Touristen bringen in diesen Dingen oft manch wunderliches Zeug ans Licht. Bekannt ist das Beispiel, wie auf des alten Peter Anich Tiroler Karte tief im Oetzthal „gewester See". zu lesen ist und wie daraus ein Franzose einen lac de Gewester, spätere Reiseschriftsteller aus Deutschland aber einen Gewesteiner See erschufen. Auch Fräulein A. B. überraschte uns einmal, als sie zum ersten Male den Starnberger See besucht hatte, in den „Unterhaltungen am häuslichen Herde" mit der hier sehr auffallenden Nachricht, der schönst gelegene Ort an jenem Gewässer habe den wunderlichen, unbegreiflichen Namen Federvieh, während wir ihn doch immer nur Feldafing nennen hören.

Wer den Altbayern liebgewinnen will, muss ihn nicht blos in seinem jetzigen Zustande betrachten, sondern vielmehr wie er war in alten Tagen. Vorzüglich die Germanisten lehren ihn achten und ehrenwerth finden. Es leuchtet aus der Sprache, aus dem Rechte, aus seinen Sagen, wie aus seinen Namen die volle Trefflichkeit eines deutschen Stammes. Die deutsche Literatur des Mittelalters hat er mit den Schwaben fast allein gegründet und der Dichter der Nibelungen war ja auch ein Bajuvare. Im Zeitalter der Reformation stand das Volk auf einer Höhe mit den Schwaben, den Franken und den Sachsen; es stellte ebenso seine Helden in den Kampf der Geister. Bald aber kamen die wälschen Jesuiten ins Land und um Fürsten und Herrn, Bürger und Bauern von der deutschen Gemeinschaft abzulösen, strebten sie jene wie diese mit allen Mitteln zu romanisiren. Der Hof ergab sich den wälschen Götzen und verlor bald das Herz für das eigene Volk. Das ganze geistige Rüstzeug, die Beichtväter, die Gelehrten, die Maler, die Architecten, die Dichter, die Musicanten, auch die Sänger und die Tänzer beiderlei Geschlechts, sie mussten damals alle aus Wälschland sein. Die Bayern selbst sind über zweihundert Jahre im eigenen Lande wie verschollen. Den grossen Haufen überliess man lustigen Bettelmönchen, „die bessern Leute“ aber nahmen die Jesuiten selbst in Pflege.

Diesen war nichts widerwärtiger als das deutsche Wesen, aus welchem sich leider die Reformation erhoben hatte. In den gelehrten Schulen verfolgten sie die Muttersprache, das ungelehrte Volk gewannen sie durch all jene geistlichen Spielereien, in denen die verkommenen Romanen so erfinderisch sind. Sie brachten ganze Lasten fabelhafter Knochen fabelhafter Heiliger ins Land, welche sie die·fabelhaftesten Mirakel wirken liessen. Geistliche Schauspiele, prächtige Kirchenfeste, comödienhafte Busspredigten, öffentliche Geisselungen, Teufelaustreibungen und andre Lustbarkeiten, neue Feiertage, neue Wallfahrten, neue Andachten und Litaneien, alles ging darauf hinaus, den Gottesdienst in sinnlichen Tand zu verkehren, die Leute an frommen Müssiggang, an blödsinnigen Glauben zu gewöhnen und ihnen zu beweisen, dass eigentlich in diesem irdischen Jammerthal nichts plaisirlicher und unterhaltlicher sei als die katholische Kirche. Wie es aber damals die Väter Jesu eingerichtet, so schleppte sich das fremde Wesen fort bis in unsre Tage, wo es erst wieder in den zweiten Saft gerieth. Es ist begreiflich, dass die thierischen Triebe unsrer Landleute in jenem gedankenlosen Kirchendienst keinen Zügel finden. Die Kirche amüsirt sie nur, sie erzieht sie nicht.

So kam es denn, dass das Volk in den meisten Dingen zurückblieb, nur in der Criminalstatistik allen andern voraneilte. Mord und Todschlag, Brandstiftung, Meineid und andre schwere Sünden reichen weit über den bescheidenen Spielraum, den ein christliches Land in diesem Fache ansprechen kann. Auch Unmässigkeit und Unwissenheit stehen viel höher als in andern deutschen Ländern. Man blickt auf seine angeblichen Erzieher, die ihr Geschäft schon dreizehnhundert Jahre treiben, und bittet um Aufklärung. Ach, sagen diese, wir haben die Leute nicht für euch erzogen, sondern für uns. Wir müssen die Völker derart zurichten, dass sie für Vernunft und Freiheit nie mehr taugen. Italien und Spanien sind unsre Meisterstücke. Wir verlangen keine Bildung, keine Tugend, wir verlangen nur Gehorsam und Opfer. Seht ihr denn nicht, dass sie für euren Idealismus viel zu brutal sind? Seit euern Schwurgerichten haben die Verbrechen zugenommen, und die Pressfreiheit nützt euch auch nichts, denn wir verbreiten jetzt in einer Woche mehr Lügen als unter der Censur in einem Jahrhundert. Eure Gegenreden, eure Journale belegen wir mit dem Interdict. Unsre Blättlein sind allerdings die rohesten in der Welt, aber sie entsprechen unserm Bildungsstand. Wir treiben ja heute noch Teufel und Hexen aus, obgleich euer Ferdinand Sterzinger schon vor hundert Jahren dagegen gepredigt hat. Von unserm Beruf als Bildner und Erzieher in irdischem Sinn spricht nur noch Herr von Döllinger, sonst kein vernünftiger Mensch. Unsre Aufgabe ist das Jenseits. Steigt nur hinauf in den Himmel und zählt die Seelen ab, die wir täglich einliefern! Hienieden kennen wir keine Intelligenz, keinen Fortschritt — unser Rückschritt aber ist unaufhaltsam, bis wir wieder in den grossen Zeiten der Kirche, in der vollen Finsterniss angelangt sind und wieder Ketzer und Juden und euch alle miteinander verbrennen dürfen.

So lautet ungefähr die Rechtfertigung. Fragt man aber die Bauern, ob sie nicht den Janus gelesen und einen kritischen Blick in die Kirchengeschichte geworfen, so antworten diese: Durch den Janus lassen wir uns nicht bethören. Wenn auch die ganze päbstliche Weltherrschaft und die Unfehlbarkeit ein zusammengelogener Schwindel ist, wir halten doch zeitlebens fest an Gratian und an unseren Führern, die ihm folgen. Der erste zwar ist ein Betrüger, aber die letzteren sind höchst ehrenwerthe Männer. Wir glauben, wie man uns gelehrt, dass die heilige Stadt Rom der Sitz aller Tugenden sei und dass das Heil der Völker nur von dort ausgehen könne. Und wir werden nächstens nach dem Dreschflegel greifen und euch niederschlagen, wenn ihr anders glaubt. Dieu le veut.

Wir andern aber geben den Glauben nicht auf, dass auch in diese ägyptische Finsterniss noch einmal ein Strahl der göttlichen Vernunft sich senken werde. Unsere Hoffnung ist jetzt das Concil; von ihm erwarten wir das Beste. Um den päbstlichen Stuhl herum herrscht bekanntlich ein sehr merkbarer Moderduft und man wittert allenthalben etwas Fäulniss. Möglich, dass mancher ehrliche deutsche Bischof, wenn er in jenen geistlichen Demimonde hineingeräth und dessen tiefe Entartung gewahrt, sich selber fragen wird: Und diese Leute wollen die Welt regieren? Diese demoralisirten Pfaffen wollen die Laien moralisch machen? Dieses lasterhafte Regiment, das sein eignes Ländchen zu Grunde gerichtet und vergiftet hat, dies will der ganzen Menschheit Glück und Segen bringen? Möglich, dass sich mancher ältere Kirchenhirt schämt, so lange mitgethan zu haben. Möglich, dass mancher jüngere Cleriker bekehrt zurückkommt, wenn er auch in der römischen Lotterie einen Terno gewonnen oder vielleicht einem hungerleidenden Prete die angenehmste Bekanntschaft verdankt. Möglich, dass viele von denen, die jetzt in glühender Begeisterung nach der

heiligen Stadt wallen, sie bei ihrem Abschiede, wie der
aufrichtige Lamennais, die infamste Cloake nennen, die
je die Welt besudelt hat. Die Brahmanen, die Lama,
Bonzen, Ulema, sie halten alle mehr auf die irdischen
Güter als auf die himmlischen Freuden, die sie andern
predigen, aber durch den Schacher mit göttlichen Gnaden-
mitteln, Kirchenämtern, Pallien, Dispensen, Exemptionen
und Absolutionen, durch Ablasszettel, Reliquienhandel,
Peterspfennig und andre Bettelei die Goldfüchse der
Reichen, das Scherflein der Armen aus der halben Welt
zusammenzufangen und sie am Grabe der sparsamen Apo-
stel in andächtigem Müssiggang, in üppigen Festen, Hei-
ligsprechungen scheusslicher Blutmenschen, mit lächer-
lichem Soldatenspiel und andern nicht zu nennenden Di-
vertimenti zu vergeuden, das verstanden und verstehen
nur die römischen Prälaten. All diesem schmutzigen
Erwerbe aber ehrbare, erhabene, an das Göttliche mah-
nende Namen zu geben, das wissen, trotz ihrer Unwissenheit, auch nur sie. Sopranaturali, übernatürlich, nennt
sie daher mit Recht das bekannte Jesuitenblättlein und
bedroht alle, die ihm nicht glauben wollen, mit dem
Scheiterhaufen, der „ein erhabenes Schauspiel socialer
Vollkommenheit" sei.

Ob unsere guten Deutschen diese italienische Gauner-
wirthschaft im Hauptquartier der catholischen Christen-
heit wohl noch lange ertragen werden?

Für immer wird man auf ihre Gemüthlichkeit nicht
rechnen dürfen. Unsere Landpfarrer und Cooperatoren
leiden zwar jetzt stark am römischen Fieber und an Aria
cattiva, wie sie aus dem römischen Sumpfe aufsteigt, aber
eines kühlen Morgens wird auch über sie der frische

germanische Geist kommen, sie werden eine warnende
Stimme ihrer Ahnen vernehmen, die einst unter Kaisers
Fahnen nach Italien zogen und dort von demselben Pack
gemeuchelt wurden, das sie zu Hilfe gerufen; sie werden
sich schämen, von jener verrufenen Clique, die sie an
Kenntnissen und Charakter soweit überragen, beherrscht
zu sein; sie werden das Blendwerk durchschauen und
wieder finden, was die Deutschen schon vor tausend Jah-
den gefunden, nämlich: Bei den Wälschen ist kein Heil!

In den Tagen, da Max III regierte, nannten sich
jene Männer Patrioten, welche das versunkene Volk
wieder von ausländischem Schmutze zu reinigen und zum
deutschen Bewusstsein zu erheben strebten; jetzt haben
sich andre den Namen beigelegt, die jenen Unflat erhalten und den deutschen Geist erdrücken wollen. Jetzt
ziehen wieder die wälschen Plänkler durch das Land,
mit Encyclica und Syllabus bewaffnet, hetzen die Bayern
gegen einander, stiften Unfrieden allenthalben, predigen
Verachtung der Landesgesetze, verleiten Kirchenlichter
zu Albernheiten, die sie später wieder abläugnen, und
suchen die Tage vorzubereiten, wo der infallible Ponti-
fex, der zwar das eigne Haus nicht verwalten kann,
wieder der Gebieter über alle Fürsten und Völker, nebenbei auch Landesherr in Bayern, dieses aber eine Melkkuh
der italienischen Monsignori werden soll. Die Bildung
ist so gering, geschichtliche Kenntnisse sind so selten,
dass es diesen Sendlingen gelungen ist, zahlreiche Schaaren
an sich zu ziehen und ihre Policinelle aus Adel- und
Bauernstand beliebig spielen zu lassen. Man nennt den
Tross und seine Führer euphemistisch die Ultramontanen,
eigentlich und wahrhaft ist es aber die wälsche Partei

im Lande. So langsam schreitet die Bildung des Menschengeschlechtes vorwärts, dass jetzt die wahren Patrioten mit diesem Haufen wieder dieselben Kämpfe zu kämpfen haben, wie vor hundert Jahren unter Max III. In den Städten ist zwar manches besser geworden. Die Münchner z. B. würden jetzt die Akademie nicht wieder stürmen, wie sie damals, von den Mönchen aufgehetzt, versuchten. Ein grosser Theil des Volkes aber kränkelt mehr als je an wälschem Aussatz und die Aufgabe der wahren Patrioten ist keine andre, als es wieder dem deutschen Geiste zurück zu erobern, es wieder zu germanisiren.

Register.

Wenn dieses Register jeden Namen, der oben vorkommt, immer einen unter dem andern, und jeden so oft er vorkommt verzeichnen würde, so möchte es vielleicht denselben Umfang erhalten, wie das Büchlein selbst. Es schien daher nothwendig, einige Beschränkungen eintreten zu lassen und deshalb wurden 1) alle althochdeutschen Formen und 2) alle Namen ausgeschlossen, die keiner Erklärung bedürfen, wie Pabst, Kaiser, König (S. 137) oder wie Alt, Jung, Gross, Klein (S. 125) u. s. w. Endlich werden auch jene Namen, welche Aufnahme gefunden, in der Regel nur einmal und nur jene Seite verzeichnet, auf welcher ihre Erklärung gegeben, versucht oder wenigstens besprochen wird. Andre Stellen, wo sie nur gelegentlich und aus andern Gründen vorkommen, sind nicht angegeben. Die mit Z. bezeichneten Namen sind noch nachträglich in den auf das Register folgenden Zusätzen behandelt.

Greinz 40.
Greis 103.
Grendl 40.
Grenz 40.
Grief, Griffel 65.
Gries 103.
Griesenbeck 146.
Griess, Griessel 103.
Grill, Grillparzer 104.
Grimaldi 19.
Grimeis 40.
Grimm 33.
Grimmeisen 89.
Grimmel 36.
Grimmer 70.
Gritsch 103.
Grob 104.
Gröll 104.
Grom 104.
Groos 103.
Gropper 104.
Grosch, Gröschl, Grötsch 103.
Grofz 103.
Grub, Grüb, Grübel 104.
Grüll 104.
Grumm, Grummer 104.
Grünwald 19, 20.
Grüsel 103.
Grütli 150.
Gschwendner 151.
Guber 96.
Guck, Gucker, Gückel 54.
Guckemus 83.
Guem 54.
Gugel, Gügel 54.
Guggumos 83.
Gühr 94.

Gull, Güll 106.
Gumbart 93.
Gumm 54.
Gummer 18, 54.
Gump, Gümpel 54.
Gümper, Gümperlein 96.
Gumpert 19, 54.
Gumpf 54.
Gumpold 19, 20.
Gumprecht 20.
Gund 33, 34.
Gunder 21.
Gundl, Gündel 36.
Gundermann 71.
Gundolf 20.
Gunkel 62.
Gunst 43.
Günther 21.
Günthör 24.
Guntram, Guntrum 20.
Güntsch 44.
Gunz 39, 42.
Gunzelmann 71.
Günz, Günzel 42.
Gunzler 69.
Gürlet 36.
Gus, Guschel 105.
Guss, Gussel, Güss 105.
Güstel 105.
Gutberlet 106.
Gutbier 96.
Gutbrod 106.
Gutekunst 81.
Guth 105.
Gütling 106.
Gutsch 105.
Gutz, Gütz, Gützel 105.

Kunst, Künstel, Kunstmann 43.
Kunz 39, 108.
Künz, Künzel 108.
Kuom 55.
Kupfer 96.
Kupper, Küpper 96.
Kurr 61.
Kurt 65.
Kusel 105.
Kuss 105.
Kussmaul, Küsswieder 82.
Küst 105.
Kutsch 105.
Kutt, Kütt 105.
Kutter 106.

Lackel 66.
Lahm 55.
Laier, Laihr 61.
Lamm, Lammer 65.
Lammerer 69.
Lamp 55.
Lampart 140.
Lampert 55.
Lampes 63.
Lampl 55.
Landeck Z.
Landerer 69.
Landes 40.
Landherr 24.
Langer 23.
Lankes 24.
Lanz 42.
Lanzenhaar 39.
Lanzenstiel 83.
Lanzi 44.

Laub 15, 97.
Laubengaier 81.
Lauber 16.
Laubhart 16.
Laubmann 16.
Lauböck 50.
Laubreis 82.
Lauch 56.
Laudensack 84.
Laudert 17.
Lauf 56.
Laufer 96.
Laug, Laugl 56.
Lauk 56.
Laumer 18.
Laur 61.
Lausch 43.
Lauter 21.
Lautermilch 82.
Lauth, Lautz 48.
Leber 97.
Lebert 16.
Lebling Z.
Lebold 16.
Ledl 16.
Ledold 16.
Leeb 97.
Lehnert 17.
Leib 15, 97.
Leiber 16, 96, 97.
Leibig 50.
Leik 56.
Leim, Leimer 56.
Leipert 56.
Leiss 38.
Leist 43.
Leizach 14.

Lotzgesell 82.
Luber 16.
Lübke 50.
Luck, Lucker, Lückel 56.
Lud 48.
Lüder 21.
Lüdke 50.
Ludl 48.
Ludwig 21.
Luft 56.
Luger 56.
Lüger 23, 56.
Luibl 15.
Luidl 15.
Luitz 38.
Lümmel 66.
Lummer 18.
Lump 67.
Lusch 43.
Luss 38.
Lust 48.
Lüst 48.
Luther 21.
Lutt 48.
Lüttich 50.
Lutz 48.

Maag 109.
Mach, Machel 109.
Mack 109.
Macklot 20.
Magersupp 109.
Mages 40, 109.
Magold 109.
Mahn 108.
Mai 42, 109.

Maier 131.
Mainz 108.
Mainzweig 82.
Mairock 82.
Mais 109, 112.
Maisch, Maischel 109, 112.
Mälfel 62.
Mall 41, 109.
Malss 44.
Malz 41.
Mand 101.
Mandl 36, 108.
Maneke 50.
Mang Z.
Manger 23.
Mangst Z.
Mangstl 25.
Mank Z.
Mann 33, 108.
Mannert 17.
Mannes 108.
Mannteufel 82.
Mantel 102.
Manz 42, 108.
Mappes 109.
Mareis 40.
Mark 33.
Märkel 36.
Marold 19.
Marr 33.
Marschall 115.
Marz 42.
Marzelengo 45.
Marzling 44.
Mass, Mäss, Massl 109.
Mast 43.
Matterstock 118.

14*

Zusätze und Berichtigungen.

S. 16, Z. 8 ist Debel von Thiudbald, S. 69 von Dagobert abgeleitet; beides möglich.

S. 18, Z. 4 v. u. wäre etwa noch beizufügen, dass auch
Simmet, in Altbayern nicht selten, anderswo, wie es scheint, unbekannt, auf Sigmut oder Sigmund zurückgeht.

S. 20, Z. 10 als Variante zu Rudloff wäre auch Rothlauf
anzumerken, wie neben Heideloff auch Heidelauf vorkommt.

S. 22, Z. 7 v. u. statt $\Delta\eta\mu\acute{\eta}\sigma\tau\rho\alpha\tau\sigma\varsigma$ lies $\Delta\eta\mu\acute{\sigma}\sigma\tau\rho\alpha\tau\sigma\varsigma$.

S. 23, Z. 3 v. u. ist Ranger von Rabenger, S. 56 von Raganger abgeleitet; auch beides möglich.

S. 24, Z. 3 v. u. ist Drax zu Trutgis gestellt, als wenn es
früher Traux gelautet hätte. Es stellt sich aber einfacher zu
Draco, Drakiso. Vgl. S. 41 und 114. Hax, Hux können übrigens
auch von Hakiso (Hacco, Hageno), Hukiso (Hugo), Rix von Ri-
kiso (Ricco, Richard), Bux, Düx von Buggiso, Duggiso abgeleitet werden.

S. 40. Zu den Namen in — isch wären unter andern auch
noch Römisch (Rumo) und Weinisch (Wino) zu stellen. Wünsch
lehnt sich besser an Wunibald, könnte aber auch für Winsch stehen.

Für — isch findet sich übrigens auch — asch, — osch,
— usch, wie in Brandasch (Brando), Gumposch (Gumpo), Ham-
osch (Hammo), Hanusch, was auch als Hanisch vorkommt (Hano)
u. s. w. Komposch ist S. 44 aufgeführt. Da Kompast zu Kundpert, so gehört wohl auch Kienast zu Kuno.

S. 40. Rieges, als von einer Koseform der dritten Art aus-
gehend, gehört eigentlich nur zu denen, die auf Seite 63 aufge-